DIÁLOGO CON BORGES

对话博尔赫斯

VICTORIA OCAMPO

［阿根廷］维多利亚·奥坎波 著

韩烨 译

漓江出版社

桂图登字：20-2018-104

图书在版编目（CIP）数据

对话博尔赫斯 /（阿根廷）维多利亚·奥坎波著；韩烨译. —桂林：漓江出版社，2019.12
ISBN 978-7-5407-8738-7

Ⅰ.①对… Ⅱ.①维… ②韩… Ⅲ.①博尔赫斯（Borges, Jorge Luis 1899-1986）-访问记
Ⅳ.①K837.835.6

中国版本图书馆CIP数据核字（2019）第206756号

Original title: Dialogo Con Borges

对话博尔赫斯

DUIHUA BOERHESI

［阿根廷］维多利亚·奥坎波　著
韩烨　译

出 版 人：刘迪才
策划编辑：陆　源
责任编辑：陆　源
助理编辑：林培秋　孙静静
装帧设计：周伟伟
责任监印：黄菲菲

出版发行：漓江出版社有限公司
社　　址：广西桂林市南环路22号
邮　　编：541002
发行电话：0773-2583322　　010-85893190
传　　真：0773-2582200　　010-85890870-814
邮购热线：0773-2583322
电子信箱：ljcbs@163.com
网　　址：http://www.lijiangbook.com

印　　制：三河中晟雅豪印务有限公司
开　　本：880 mm × 1230 mm　1/32
印　　张：6　　字　　数：110千字
版　　次：2019年12月第1版　　印　　次：2019年12月第1次印刷
印　　数：0 001-6 000 册
书　　号：978-7-5407-8738-7　　定　　价：48.00元

目录 | contents

序言

玛丽亚·儿玉[①]

①玛丽亚·儿玉（Maria Kodama，1937—），博尔赫斯的妻子。——编注

生活的经纬是由魔力之线织就的，这些线如此精妙，组成的图画于理性而言晦涩难懂，但或许，它们恰是联结起相似灵魂的纽带。事实上，为一场“对话”写作这篇“序言”这一举动，本身即是明证。这意味着从“词语”——也就是说，从“逻各斯”[①]——出发，开始一段分岔小径，为读者们呈现诞生于古希腊的文明最为完善的形式之一：人类之间的对话——为了弥合分歧、阐述思想的方式；或是单纯为了记住，在与一位友人的对话所营造的私密感之中，我们的生命如何流逝。这场对话，发生在两个人之间——豪尔赫·路易斯·博尔赫斯[②]和维多利亚·奥坎波[③]，两位都以各自的方式成就非凡。我让动词停留在现在时，因为或许就像在博尔赫斯的某些短篇小说中那样，这场对话仍在宇宙的某处继续着。在这场对话中我们看到，他们如何通过不同的道路，达成理解上的一致，并在文学、艺术和一种坚定的道德观中寻找美学意义。

维多利亚·奥坎波是最宽泛意义上的先锋女性，有勇气打破她所处时代铁一般的传统，以建立她自己的、属于独立女性的传统——这一传统，以力量与慷慨引导着她的生命。她将财富用于为文化服务，创办了传奇性杂志《南方》，深知如何发现、成就 20 世纪伟大的阿根廷文学艺术的天才，并将他

①在古希腊文一般用语中，逻各斯有话语的意思。而西班牙中，“序言”与“对话”都以“logo”结尾。——译注

②豪尔赫·路易斯·博尔赫斯(Jorge Luis Borges，1899—1986)，阿根廷诗人、小说家、散文家兼翻译家。——编注

③维多利亚·奥坎波（Victoria Ocampo，1890—1979），阿根廷散文作家、文学评论家。——编注

们聚集在自己身边。在她的撰稿人中，有穆希卡·拉伊内斯[①]、阿尔贝尔托·希里[②]、爱德华多·马耶阿[③]、西尔维娜·奥坎波[④]、恩里克·贝索尼[⑤]、阿尔贝尔托·埃罗[⑥]和博尔赫斯……

但她并未满足于此，她希望自己的国家可以超越边境，希望全世界的知识财富能够抵达阿根廷。为此，她带来了欧洲的作家和艺术家，让他们结识阿根廷的知识分子、艺术家，并与之保持联系。她为他们组织讲座、音乐会、诗歌朗诵会……罗杰·凯卢瓦[⑦]恰恰在维多利亚·奥坎波邀请的作家之中，他在聚会上——维多利亚家真正的文学圈——结识了博尔赫斯，阅读了他的作品，因其文字而感到目眩神迷、惊奇不已，将其翻译成法语，使博尔赫斯在法国——在那时，也就是全世界——成名。以高贵和感恩著称的博尔赫斯，从未忘记他的译者。

在这部对话录中，没有病态的好奇，也没有过分充沛的

---

①穆希卡·拉伊内斯（Mujica Lainez，1910—1984），阿根廷作家、艺术批评家、记者。——译注

②阿尔贝尔托·希里（Alberto Girri，1919—1991），阿根廷诗人、翻译家。——译注

③爱德华多·马耶阿（Eduardo Mallea，1903—1982），阿根廷作家。——编注

④西尔维娜·奥坎波（Silvina Ocampo，1903—1993），诗人、小说家、叙事文学家，维多利亚·奥坎波的妹妹。——编注

⑤恩里克·贝索尼（Enrique Pezzoni，1926—1989），诗人、文学评论家，1969 年至 1973 年担任《南方》编辑部秘书。——编注

⑥阿尔贝尔托·埃罗（Alberto Erro，1903—1968），律师、作家，《南方》编辑委员会成员。——编注

⑦罗杰·凯卢瓦（Roger Caillois，1913—1978），作家、社会学家、法国文学批评家。——编注

感情或想象的投射，令受访者的本质失真。在这场因这些特质而近乎东方的对话中，有另一个元素：照片。正是通过家庭相册的照片，通过对这些照片像数一串玫瑰念珠或逐层揭开一个禅宗公案般的描述，使得头脑向回忆敞开——在那里，站着他的父亲母亲，还有他亲爱的、至死为自己的血统和礼仪而骄傲的英国祖母。

还有那个让博尔赫斯目眩与惊恐的巧合——胡宁的名字，在地理上指向两个不同的地点，却将他的两位祖先的命运封缄在了截然相反的道路上。在阿根廷的胡宁，他的祖父博尔赫斯因为一场误会被认作叛徒后，骑着马走向敌军，身着白色庞乔斗蓬，手无寸铁，让自己被对方杀死。另一边，他的外曾祖父苏亚雷斯上校，在战役将告失败之际，指挥骑兵发起冲锋，在胡宁赢得了属于秘鲁的自由和属于他的荣耀。

博尔赫斯以一种亲密而痛苦的方式坦承了他的内疚：部分是由于不得不接受数次眼部手术的失败而感到不幸，也因未能掩饰自己的悲伤而让父母伤心。

在这部对话录中，有一点是根本性的：如何展示他感受到的那种不可摧毁的本质——就像他从前常常戏言的，即使灵魂转世存在也无法改变、修正的本质。这种本质使他接受并承担起自己的命运：成为作家。

这种强烈的接受，曾是他灵魂与生命的血肉，贯穿了他所有的创作，并体现在他对维多利亚所说的话上——当她向他描述一栋房子的台阶时，博尔赫斯回答说："如果说的是我们在安丘雷纳的家，那么我会想到短篇小说《环形废墟》。我用了一个星期写这个故事。那个星期，我去了阿尔玛格罗街的一个图书馆工作，看了几场电影，见了我的朋友们，但这一切都仿佛发生在一个梦中，因为与此同时——在那之前和之后我都从未在任何文学作品中生活过——我正住在《环形废墟》之中。”

如今，有一块豪尔赫·路易斯·博尔赫斯国际基金会悬挂的纪念匾，上面标有博尔赫斯在那栋房子里居住的时间，佐证了这个故事的创作，标志着“环形废墟”的开始。

这个故事，像所有的故事一样，在很长时间以前就开始神秘地编织了。当一个小女孩读到这个故事，并未理解却感受到了故事被写下时的那种强度、那种美，还有那颗创作的神秘果实，从那一刻起它就变成了她最喜欢的故事。

是偶然，是在希腊连众神也要服从的克尔，想要让旁边那栋房子因为这个故事变成豪尔赫·路易斯·博尔赫斯国际基金会的总部和博尔赫斯博物馆，但这又是另一个关于克尔的故事了……

小径分岔花园中的复杂友谊

奥蒂勒·菲尔吉内[1]

①奥蒂勒·菲尔吉内（Odile Felgine，1960—），法国学者、作家、诗人。——译注

他们不是亲密的朋友，也就是说，他们并不交心，正如豪尔赫·路易斯·博尔赫斯对埃内斯托·萨巴托①所说的那样[1]。然而，在那个小径分岔的花园[2]里，他们终其一生并肩而行，并因同行而受益匪浅。他们是阿根廷在文学和文化领域献给世界的最完美、最自由、最令人惊艳的代表。

在其年轻的历史进程中，这个崭新的国家不吝于重大贡献与文学巨匠。维多利亚·奥坎波和豪尔赫·路易斯·博尔赫斯仿佛钻石，将《南方》的名字用美丽的字体和无可比拟的密码镌刻在阿根廷思想史的金属之上。《南方》，阿根廷文学生活中必不可少的刊物；《南方》，从 1931 年起，便用红色箭头向它的外国朋友们指明了一个鲜为人知的、被脸谱化的国家——高乔和潘帕斯之国——的所在之处。

《南方》为培养阿根廷知识分子的温床提供了养分，这归功于一位高贵、杰出、勇敢的女性——维多利亚·奥坎波的魅力与意愿，她深知如何将一个由天才组成的团体以及博学的外国顾问聚集在自己身边。她为定义阿根廷的身份认同做出了贡献，并将博尔赫斯这样一位至关重要的作家介绍给了世界文坛；而一定程度上，博尔赫斯正是在她神奇的温室中崭露头角的。虽然时常并肩前行，但并不能说维多利亚·奥坎波和豪尔赫·路易斯·博尔赫斯之间的关系从始至终都是理想化的。恰恰相反，他们的“友谊”常常很复杂，由争执和误解构成，却又使双方获益良多。

本书选用的文本，往往令人感动，可以衡量这段关系的

①埃内斯托·萨巴托（Ernesto Sabato，1911—2011），阿根廷小说家。——编注

浓度，以及他们二人的亲近程度。从未发表过的珍贵文章，两人之间的通信，这些相对罕见的文本，很好地印证了这种相互尊重又不失谨慎的亲密——他们总是以“您”互称，以及他们几乎必不可少的时常见面以更好地相互理解的需要。他和她一样，深知彼此的重大价值。即便像他们的密友之一何塞·比昂科①所说的，博尔赫斯“抛弃了感伤主义”[3]，而在刊登于《国家报》上那篇令人神伤的诔文中，博尔赫斯仍然充满感情地描述了一位杰出、快乐的女性，他向这位女性一再重申亏欠与感激之情。“她所做的一切都是为了我们的文化！”他感叹道。随着她的消失，他世界的一小块也在1979年坍塌了。他看起来深为惊怵，不再那么冷嘲热讽，也不再像以往习惯的那样善于自控。

五十二年前，1927年九十月间，如同他在第一封信中所写的，还有他母亲——她的记忆力一直很好——对他所说的那样[4]，在某些圈子中引人注目的二十八岁年轻诗人遇见了维多利亚·奥坎波。她去参加一场讲座，讲座上有人朗读了博尔赫斯一篇关于“阿根廷人的语言”的文章。她赞赏他的分析，给他写了信。她告诉他，想与他见一面。维多利亚·奥坎波多年前便有了这种接近他人的愿望，接近那些令她好奇、让她欣赏，或是显示出非凡品质的人。与丈夫分居，因时代所限无法通过成为戏剧演员而达到自我完成，她转而开始在不同的住所接待声名显赫的外国客人，其中有盖

①何塞·比昂科（José Bianco，1908—1986），《南方》编辑部秘书。——编注

沙令[①]、泰戈尔[②]、安塞美[③]、勒·柯布西耶[④]、德里厄·拉罗谢勒[⑤]、阿道司·赫胥黎[⑥]、圣琼·佩斯[⑦]、阿尔贝·加缪[⑧]等人。

在那个时代，这个非常富有、出身名门、美丽而聪慧的女人，为《国家报》撰写文章，组织讲座。这帮助了她的祖国向国际文化精英敞开大门。她能流利使用多国语言，包括英语和法语；她支持文学和艺术生活，如同向着一种绝对，满怀“热诚”，就像博尔赫斯在听闻她的死讯时所说的那样。三十七岁时，她已是城中知名人物，对男权主义的布宜诺斯艾利斯来说，她甚至称得上伤风败俗。“我能和维多利亚说什么呢？那可是维多利亚·奥坎波！”年轻的博尔赫斯不安地对他的母亲莱奥诺尔说。“但她会告诉你可以和她聊什么。”维多利亚·奥坎波约他第二天共进午餐。“博尔赫斯去了。很自然地，两人聊了很多。”[5]“我为我们那次会面，为您发自内

①盖沙令（Hermann Graf Keyserling，1880—1946），德国哲学家，富翁，波罗的海德国贵族，凯泽林克家族（Keyserlingk）成员。——编注
②泰戈尔（Rabindranath Tagore，1861—1941），印度诗人、文学家、社会活动家、哲学家。1913年获得诺贝尔文学奖。——编注
③即厄内斯特·安塞美（Ernest Ansermet，1883—1969），瑞士交响乐指挥、作曲家。——编注
④勒·柯布西耶（Le Corbusier，1887—1965），20世纪著名的建筑大师、城市规划家和作家。——编注
⑤即皮埃尔·德里厄·拉罗谢勒（Drieu la Rochelle，1893—1945），法国编剧。——编注
⑥阿道司·赫胥黎（Aldous Leonard Huxley, 1894—1963），英格兰作家。——编注
⑦圣琼·佩斯（Saint-John Perse，1887—1975），法国诗人、外交官。代表作品有《阿纳巴斯》《流亡》等。——编注
⑧阿尔贝·加缪（Albert Camus，1913—1960），法国作家、哲学家，存在主义文学、“荒诞哲学”的代表人物。——编注

心的赞同而感到非常骄傲。”不久后，他在给她的信中写道。而博尔赫斯赞赏了法语的“组织”和“审慎”，尽管除了对瓦莱里[①]和少数法国诗人的热爱，他对法国文化并不特别亲近。从那时开始，他向她表达他的“感激”，并承诺会寄给她一篇文章，如果他能有幸写出一篇令自己满意的。维多利亚·奥坎波则将二人的相遇置于更早的时间点。“可以说，从我认识博尔赫斯的那一刻起——那是《船艏》杂志时期——我就一直欣赏他……1925年《面前的月亮》（诗集）面世，同年，只维持了一年多的《船艏》杂志创刊[②]。”她在《豪尔赫·路易斯·博尔赫斯的视角》中回忆道，这篇文章的全文收录于本书中；而同样收录在本书中的博尔赫斯的信证明，这件事是在晚些时候发生的。她在文中留下了对青年博尔赫斯的重要描述：“他是个二十五岁的青年，无论是步伐、声音、握手的力度，还是他预言家、灵媒般的眼睛，都带着羞涩。”

他们两人有很多共同之处。维多利亚·奥坎波和豪尔赫·路易斯·博尔赫斯都来自阿根廷古老而受人尊敬的家族。其中，维多利亚·奥坎波与布宜诺斯艾利斯极其富有的上流社会和“贵族阶层”联系紧密。两人出生于布宜诺斯艾利斯的同一街区，两家只有几个夸德拉[③]之隔。两人都在欧洲学校接受过

①即保尔·瓦莱里（Paul Valery，1871—1945），法国象征派诗人，法兰西学院院士。——编注

②该杂志实际创刊于1922年，中断后，第二次出版发行是在1924年8月。——编注

③夸德拉（Cuadra），指一条街上一个路口到另一个路口之间的直线距离，一个夸德拉一般为一百米到一百五十米。——译注

教育：博尔赫斯接受的是英式教育，而维多利亚·奥坎波受过法式和英式两种教育。此外，博尔赫斯在他的英国祖母身边长大，而她与出生地文化的联系非常紧密。两人都在欧洲旅行、居住过。博尔赫斯曾在日内瓦的一所学校受过教育——当时他的父亲提前退休，在那里治疗一种遗传性眼疾。博尔赫斯也曾在西班牙居住——在“对话”中，他向热情洋溢的维多利亚·奥坎波讲起了那段经历——那里有阿根廷贵族家庭诸多习惯近乎社会学的根源。但远不止于此，在本书选取的很多文本中，两人带着一种奇特的迷恋，主动开始了一个游戏，努力定义着在各自的旅程中是什么将他们联系在了一起：他们在历史、文化、地理上的归属，童年的情感，对《南方》杂志创刊初期的回忆。如同这是他们所缺少的一样，在逸事与摩擦之外，两人参与了一个共同的命运，并在这令人眩晕的命运面前努力令自己不致陷于盲目。

他们的相遇，可谓卓有成效。与“新美洲的诗人”美国人沃尔德·弗兰克①一起，维多利亚·奥坎波很早就为定义一种美洲的认同[6]而忧虑；与西班牙人奥尔特加·加塞特②一道，她也为在欧洲和美洲之间建起一座桥梁而努力。于是，创办一本以她熟悉的《西方杂志》为原型的刊物的想法逐渐萌生了。那时的维多利亚·奥坎波，优雅而果断，借助她的社会关

①沃尔德·弗兰克（Waldo Frank，1889—1967），美国小说家、历史学家、政治活动家和文学批评家。——编注

②即何塞·奥尔特加·伊·加塞特（José Ortega y Gasset，1883—1955），20世纪西班牙最伟大的思想家之一。——编注

系，为杂志组建了双重编委会。她想起了过去的超越主义者豪尔赫·路易斯·博尔赫斯，邀请他加入已经聚集了六个人的阿根廷编委会。为此，博尔赫斯一直感激她。“那时我并不存在……但她看到了我，在我几乎不是任何人的时候便认出了我……而那时，我就像是威尔斯[①]《隐形人》的布宜诺斯艾利斯版本。”1980 年，博尔赫斯在联合国教科文组织向维多利亚·奥坎波的致敬演说中，曾如此谦逊地说。实际上，那时的他已经凭借诗歌和散文在阿根廷为人所知。

在外国编委会中，不乏与维多利亚过从甚密的名人：法国人皮埃尔·德里厄·拉罗谢勒，西班牙人奥尔特加·加塞特，博尔赫斯熟悉并景仰的墨西哥人阿尔丰索·雷耶斯[②]，瑞士交响乐指挥厄内斯特·安塞美，意大利人莱奥·费雷罗[③]，多米尼加人佩德罗·恩里克斯·乌雷尼亚[④]，法裔乌拉圭人儒勒·苏佩维埃尔[⑤]，以及沃尔德·弗兰克。博尔赫斯被放在了和这些声名显赫的人物平起平坐的位置上。但他贡献了自己领导一本文学期刊的重要经验。据 E. 罗德里格斯·蒙内加尔[⑥]回忆：

---

①即赫伯特·乔治·威尔斯（Herbert George Wells，1866—1946），英国著名小说家，新闻记者、政治家、社会学家和历史学家。——编注

②阿尔丰索·雷耶斯（Alfonso Reyes，1889—1959），墨西哥作家。著有散文集《马德里画稿》、小说集《斜面》。——编注

③莱奥·费雷罗（Leo Ferrero，1903—1933），意大利记者、作家。——编注

④佩德罗·恩里克斯·乌雷尼亚（Pedro Henríquez Ureña，1884—1946），大学教授、作家、哲学家、文学评论家。——编注

⑤儒勒·苏佩维埃尔（Jules Supervielle，1884—1960），现代诗人。——编注

⑥ E. 罗德里格斯·蒙内加尔（Emir Rodríguez Monegal，1921—1985），乌拉圭文学评论家、撰稿人。——译注

SUR
SUR
SUR

"20 年代，他创办并领导了三本小型期刊，并和其他二十本期刊合作过，定期为它们撰稿。尽管他尚不能完全依靠为报纸杂志撰稿谋生，仍然不失为专业人士……"[7]

依照维多利亚·奥坎波的意愿，《南方》是一本洲际杂志，使用西班牙语，由爱德华多·马耶阿和秘书吉耶尔莫·德·托雷①——诺拉·博尔赫斯②未来的丈夫——协助管理。它是一本季刊，试图促进南美洲本土创作，同时进行折中主义的尝试，并向非美洲文学敞开大门，以才华作为唯一标准选用文章。这样一来，在介绍新作者的同时，维多利亚·奥坎波使阿根廷乃至西班牙语美洲的文学、文化得以进步和现代化。

《南方》杂志的第 1 期出版于 1931 年 1 月 1 日。这份刊物共出版了 371 期，其生命延续了七十一年。维多利亚·奥坎波是它的资助人和实际意义上的管理者，尽管最初杂志并不是以公司模式运营的。"《南方》没有稿酬，我记得最初十年没有付给过任何人稿费，因为它不是一家商业公司……" 1967 年，博尔赫斯曾这样向让·德·米勒雷③坦承道[8]。在内容丰富的创刊号中，博尔赫斯发表了一篇关于"阿斯卡苏比上校"的文章。但和其他同胞一样，他也觉得维多利亚收录的那些阿根廷风景照有些奇怪："一份真正的地理手册。维多利亚这

①吉耶尔莫·德·托雷（Guillermo de Torre，1900—1971），散文家、文学评论家、诗人。——编注

②诺拉·博尔赫斯（Norah Borges，1901—1998），阿根廷著名女诗人、评论家、画家，是路易斯·博尔赫斯的妹妹。——编注

③让·德·米勒雷（Jean de Milleret，1908—1980），历史学家、传记作者，"二战"期间曾参与法国抵抗运动。——译注

么做，是为了将阿根廷展示给她的欧洲朋友们看，但在布宜诺斯艾利斯，这有些奇怪。”后来，维多利亚·奥坎波就这一点严厉地回复了博尔赫斯。

在布宜诺斯艾利斯，《南方》并不太受欢迎。“这是本关于外国的杂志”，面对它的世界主义，人们这样评价。作为女性的维多利亚·奥坎波，与作为知识分子的她一样惹人非议。在文学领域，她同样在与男权主义对抗。“《南方》是一本深刻的美洲杂志。”沃尔德·弗兰克向她指出，“您会受到伤害，但您必须承受这一切。”作为活跃的女权主义者，维多利亚·奥坎波丝毫不像个逆来顺受的作家。她必须面对阿根廷文学精英的众多偏见，虽然她会让这一群体得以延续，并使其现代化，但同时她也是离经叛道者，这与博尔赫斯的处境相似[9]。在一些外国朋友的支持下，维多利亚·奥坎波保持了坚定的立场，而《南方》也被记录在了阿根廷文学的图景之中。如果说善于反讽的博尔赫斯不是最后一个批评她的人，那么他将在《南方》遇到一个美好的评审团。这样，他才能够在多年之后说：“如果没有维多利亚·奥坎波，我们文学的进步是难以想象的。我认为她所做的一切非常高贵：杂志，出版社，令杰出的个体济济一堂。”

他们对文学和生活的观点不尽相同，他们的性格也如此。维多利亚·奥坎波不轻视抒情、心理分析和感伤主义。有些人认为，她的作品无异于阿根廷最伟大散文家的手笔[10]。在她的文章《豪尔赫·路易斯·博尔赫斯的视角》中——这篇献给 J. L. 博尔赫斯的文章最初发表在《埃尔内手册》上——她承认曾感到自己的撰稿人是一种威胁，因为害怕他“讽刺与他品位不符的事物的倾向，而我们的品位不尽相同”。一些评论家在这段往事中看到了一种攻击性的含蓄表达[11]。而笔者认为，更应将其解读为维多利亚胆怯的表现，以及她具有欺骗性的外向外表之下深深的敏感。我们应当记得，这种敏感和谨慎常常表现在她的信件里。维多利亚·奥坎波将博尔赫斯视为“一流文学家”，而他则看到了“她的独创性”。“当我们意见一致，那总是因为相反的原因。这让我在博尔赫斯面前非常胆怯，而这恰恰是由于，我仰慕他的天才。此外，比起受到伤害，我那时更怕伤害他人。”而在博尔赫斯看来，她则过于“霸道”、强硬，控制欲也过强。他曾这样给E.罗德里格斯·蒙内加尔讲过：“当维多利亚让你去她圣伊西德罗的家，她不是在邀请你，而是在召见你。”[12]

或许阿根廷文学世界就是一部家庭史，对他们二人来说也是如此。博尔赫斯的妹妹，画家诺拉，在1928年与吉耶尔莫·德·托雷——《南方》杂志的秘书和编委会成员——结婚。维多利亚的妹妹、诺拉的密友西尔维娜（在信中有时被称为西尔维娅），1940年与阿道尔夫·比奥伊·卡萨雷斯①结婚。后者与博尔赫斯关系密切，两人合写过好几本书，其中也有西尔维娜的参与。关于这一共同创作，博尔赫斯在“对话”中曾谦虚地提及：它的影响是相互的，但毫无疑问是我，二人中较为年长的那个，“以间接的方式”接收到了更多东西。他

①阿道尔夫·比奥伊·卡萨雷斯（Adolfo Bioy Casares，1914—1999），阿根廷小说家、记者、翻译家，1990年获得了塞万提斯奖。——编注

坦承："年轻的阿道尔夫·比奥伊·卡萨雷斯是一位大师，堪称经典，对于已经年迈的博尔赫斯来说。"而他肯定，在两人的讨论结束之后，"布斯托斯·多梅克"便不再存在。令人感动的是，当比奥伊的母亲想让她年轻的儿子与阿根廷文学界取得联系，并请维多利亚为他推荐一位导师时，后者回答说：

“博尔赫斯。”两人最终在维多利亚圣伊西德罗的家中见面，那是1931年或1932年。然而，比奥伊·卡萨雷斯从来都不喜欢他的妻姐。

1933年，在何塞·奥尔特加·加塞特的建议下，时任国际笔会副主席的维多利亚·奥坎波创办了南方杂志社。当时，博尔赫斯刚刚通过她的介绍在布宜诺斯艾利斯结识了亨利·米肖[①]，便开始为《南方》做翻译工作（弗吉尼亚·伍尔夫[②]的《奥兰多》，弗兰茨·卡夫卡[③]的《变形记》，亨利·米肖的《一个野蛮人在亚洲》）。由于维多利亚——或许还有亨利·米肖——的出面，1939年，由奈斯托·伊巴拉[④]翻译、作序的《向隐秘之物迈进》在法国出版，发表在阿德里安娜·莫尼耶[⑤]创办的《度量》(*Mesures*)杂志上——实际上，这便是写于1935年的《向阿尔穆塔辛迈进》。1939年5月，博尔赫斯在《南方》第56期（1935年7月，《南方》变为月刊）上发表了《〈吉诃德〉的作者皮埃尔·梅纳尔》；同年8月，又在第59期杂志上发表了《完全图书馆》[⑥]。他奇特的才华，在《南方》的羽翼下得到了确认。尊敬与小争执——某种程度上归咎于维多利亚强烈、专制的个性，以及像博尔赫斯这样的艺术家情理之中易

①亨利·米肖（Henri Michaux，1899—1984），法国诗人、画家。——编注

②弗吉尼亚·伍尔夫（Adeline Virginia Woolf，1882—1941），英国女作家、文学批评家和文学理论家，意识流文学代表人物。——编注

③弗兰茨·卡夫卡（Franz Kafka，1883—1924），奥地利著名小说家。——编注

④奈斯托·伊巴拉（Néstor Ibarra），阿根廷诗人、翻译家。——译注

⑤阿德里安娜·莫尼耶（Adrienne Monnier，1892—1955），法国著名书店女主人和文学出版人，同时也是作家和诗人。——编注

⑥《巴别塔图书馆》最初的版本。——译注

受伤害的感情——在他们的关系中留下了印记。那份美好的杂志（《南方》杂志给了博尔赫斯写作他最喜爱的短篇小说之一——《南方》的灵感）识别出了博尔赫斯作为最伟大的南美洲作家之一的天才。然而，仍有评论指出，南方出版社出版博尔赫斯作品集的时间相当滞后。毋庸置疑，维多利亚·奥坎波脑中有商业上必须履行的责任。她必须试图改善自己杂志的财政情况。当时她可以通过出版博尔赫斯的短篇小说做到这点，然而，她却出版了阿根廷其他作家的书[13]。

无论如何，像对其他很多人一样，她令博尔赫斯得以结交杰出的创作者，并在与她朋友的交往中汲取经验。她著名的星期天茶会（建立于 1936 年），埃内斯托·萨巴托口中"国家名胜"的幸运[14]，奥克塔维奥·帕斯①所说的"女像柱"[15]，使博尔赫斯见到的不只有"几乎所有国内文化生活中的重要人物"（萨巴托语），还有世界文化图景中的文学、哲学、艺术大师。"那些聚会从来不仅仅是世俗的，因为在那里，人们会谈论、争论——有时候语气严厉——战争，纳粹主义，共产主义。"[16] 有些时候，主要是在谈到当地政治问题时，维多利亚·奥坎波会忘乎所以。她的种种缺点，令阿道尔夫·比奥伊·卡萨雷斯怒不可遏，也被更为宽宏大量而不乏天资的灵魂所原谅——因为维多利亚在鼓励她的杂志时，充满热忱、激情、勇气与信仰。她在美国和欧洲的旅行，是与友人重逢的借口；但与此同时，也促进了文化交流，并为她的杂志、出版

①奥克塔维奥·帕斯（Octavio Paz，1914—1998），墨西哥诗人、散文家，1990 年获得诺贝尔文学奖。——编注

社和阿根廷文化场景储备了引人注目的作者。这些人，也为她以主观视角为主的个人创作提供了养分。《南方》主编曾在《豪尔赫·路易斯·博尔赫斯的视角》一文中写道："我只喜欢写我最喜欢的人和事，尽管他们可能有很多缺点。"

博尔赫斯为《南方》撰写电影评论和书评——简短而精彩的文章；与此同时，维多利亚则为博尔赫斯在国外为人所熟知做出了巨大贡献。诚然，早在1925年，瓦莱里·拉尔博[①]便在《欧洲杂志》上提及过博尔赫斯。博尔赫斯曾将《宗教审判》寄给拉尔博，令这位法国人赞赏有加："博尔赫斯的《宗教审判》是我迄今为止从拉丁美洲收到过的最好的文学评论……在这本书中，我们向阿根廷文学新时代的开端致敬。"1931年6月15日，罗伯特·卡恩·萨拉贝里在刊登于《风雅信使》杂志上的《阿根廷介绍》一文中，称博尔赫斯是拉丁美洲最为重要的作家之一。但是，法国人皮埃尔·德里厄·拉罗谢勒和罗杰·凯卢瓦的举动——尤其是与博尔赫斯在阿根廷日渐增长的名声相互作用之下——可谓至关重要。1932年，皮埃尔·德里厄·拉罗谢勒于旅行期间住在维多利亚·奥坎波家中——他们于三年前在巴黎相识。维多利亚将德里厄·拉罗谢勒介绍给了博尔赫斯。两人性情相投，共度了很长的时光。"一抵达布宜诺斯艾利斯，我便遇到了一个阿根廷诗人。立刻，他想向我展示他的城市所有的壮丽，所有的伟大，所有的性情。"1934年1月，他这样写道。据博尔赫斯讲述，两

①瓦莱里·拉尔博（Valery Larbaud，1881—1957），法国小说家、诗人、评论家。——编注

人在布宜诺斯艾利斯市郊散步时，德里厄·拉罗谢勒发现了潘帕斯；然后，在凌晨一点，他在一瞬间精确地定义了它。这是一种“地平线的眩晕”，他热情地说。德里厄·拉罗谢勒找到了阿根廷作家们长久以来一直在寻找的“美丽比喻”，博尔赫斯在之后与拿破仑·缪拉、让·德·米勒雷和维多利亚·奥坎波那场激动人心的“对话”中如是说。德里厄·拉罗谢勒送给他的阿根廷朋友一个比喻，而这位朋友深知这个比喻的价值。在回法国的船上，他又写了一篇文章向博尔赫斯致谢。

1933 年 10 月 1 日，在大西洋上的航行中，皮埃尔·德里厄·拉罗谢勒写下了一篇题为《为博尔赫斯，这场旅行值得》的文章，在被布宜诺斯艾利斯的《传声筒》杂志转载后，这篇文章无可避免地引起了读者的注意。“博尔赫斯是这样的，博尔赫斯是那样的，在布宜诺斯艾利斯很多人和我说起博尔赫斯！有些人信誓旦旦地说，他是个知识分子，并且过于知识分子。他们混淆了概念：他们想说的是他很聪明，非常聪明……博尔赫斯，懂得所有事情，仍有着绝对的激情。一切都是激情，因为他很聪明。一个聪明人不害怕自己的激情，而是用某种微妙的方式来满足它们，在做决定的时刻保有某种高贵，与狂热的庸人截然不同……想到每个国家都有一些有头脑的人，真是令人平静。”[17] 德里厄·拉罗谢勒还在巴黎《果敢报》上发表了一篇题为《诗人与他的城市，布宜诺斯艾利斯的孤独》的文章。此外，博尔赫斯其人也给了他创作一部小说的灵感——《骑马的男人》，该书于 1943 年出版[18]。而这一切，都应感谢维多利亚·奥坎波。

对博尔赫斯来说，维多利亚·奥坎波的一段新的关系——法国人罗杰·凯卢瓦——将至关重要。1938 年 12 月底，她在巴黎遇见了这位巴黎高师毕业生。他有着有趣的魔鬼、先锋属性，尽管在政治上颇具争议[19]。维多利亚与凯卢瓦建立起的情感、思想上的联系——他比她年轻二十三岁——热烈而持久，并富于建设性。很快，《南方》杂志主编便建议他去阿根廷开设关于社会学学院的讲座。罗杰·凯卢瓦，年轻的宗教史学者、语法学教授，对关于南美洲的一切几乎都一无所知；从 1939 年 7 月中旬起，将开始发现那片大陆上的文学、文化和语言——感谢维多利亚·奥坎波，感谢她更为慎重的态度，以及更为丰富的关于拉丁美洲的知识。和维多利亚一样，他懂得不时离开这个某种程度上（过度，维托尔德·贡布罗维奇①那样的人会说）享有特权的环境，到更为贫穷的国家旅行、做讲座，在了解当地的同时，也了解他（或他们）正在扩张的文学，并遇到了魔幻现实主义。

作为《南方》的骄傲之一，博尔赫斯当时已在阿根廷享有盛誉。很快，维多利亚·奥坎波让她的被保护者阅读了“乔吉”唯一一篇译成法语的文章，并将他介绍给了博尔赫斯。凯卢瓦故作姿态：1939 年 7 月 26 日，他用印有《南方》杂志社抬头的纸张，给让·保兰②写信。“我见过博尔赫斯多次：他非常聪

①维托尔德·贡布罗维奇（Witold Gombrowicz，1904—1969），波兰小说家、剧作家和散文家。——编注

②让·保兰（Jean Paulhan，1884—1968），法国著名作家、文学评论家、翻译家、出版家和编辑。——编注

明，但我觉得很遗憾，他要写很多类似在《度量》上发表过的东西。这让我想到寓言中不断大喊‘狼来了！狼来了！’的牧羊人。我恐怕，等他真正想要表达自己时，人们会告诉他这样行不通。但也许他永远都不会想真正地表达自己。”[20]这种在提及阿根廷创作者时充满优越感的语气（当时极具巴黎特色的、不成熟的缺点）并不对所有人的胃口。特别是对博尔赫斯来说，他认为凯卢瓦对拉美文学毫不熟悉，而这是一种狭隘文化命运的证据。博尔赫斯，作为阿根廷人、西班牙语美洲人，经常流利地使用法语和英语，习惯于用原文阅读作品。罗杰·凯卢瓦（其学习西班牙语的进程非常缓慢）的无知和意见，除了使博尔赫斯这样伟大的创作者感到愤怒外，就博氏本人而言，也让他忽略了这位伪装成前宗教审判官的未来文学促进者罕见的智性与品质。然而，前超越主义者（或是立体主义者、表现主义者，他喜欢这样称呼自己）和纸上谈兵的前超现实主义者，却有着不止一个共同点。他们兴趣的中心，诞生于对这些先锋运动的参与，却要等凯卢瓦剥掉他身上“反诗歌”的金箔，才会随着时间的流逝出现。令两人着迷的共同主题之多，使人震惊：幻想，梦境，镜子，冗余的恐怖，眩晕……

另一方面，凯卢瓦与维多利亚·奥坎波之间的关系，起初就是在变化无常的基础上发展的。这变化无常将两人紧紧地焊接在了一起，尽管其间不乏狂风暴雨。而主编出于对法国客人的偏心而犯下的愚蠢错误，无疑伤害了他人的敏感心灵。当时，在凯卢瓦和博尔赫斯之间，由于争夺影响力而形成了一种竞争关系，而《南方》编辑部秘书何塞·比昂科，尽一己之力试图缓和这一局面。1939年底和1940年，维多利亚·奥坎波看起来并未怎么顾及她的直接撰稿人，而是将精力集中在让凯卢瓦加入《南方》杂志社，帮助他了解——在她的家人和撰稿人之外——阿根廷、南美洲以及南美文学。8月，维多利亚·奥坎波在她的杂志上介绍了凯卢瓦，与她的《战争前夜》、博尔赫斯的《公正随笔》同时发表的，还有一篇凯卢瓦从社会学的角度谴责希特勒的文章——《希特勒主义的本性》。战争和明确的反希特勒主义立场，使凯卢瓦无法返回法国。当时，大部分居住在阿根廷的法国人都是贝当主义者，凯卢瓦则听候英国大使馆调遣，后来也参与了戴高乐委员会

的建立[21]。

1940 年，尽管何塞·比昂科巧妙地从中斡旋，博尔赫斯仍然减少了与《南方》的合作。有人认为他对被众人视为野心家的凯卢瓦的怨恨加深了，而从比奥伊·卡萨雷斯于 1996 年批评《南方》主编——他的妻姐——的严厉言辞中，也可找到博尔赫斯当年选择的原因，虽然后者一直都尊敬她："维多利亚·奥坎波令人无法忍受。她非常专横。她没有朋友，有的只是下属。她周围的所有人都必须听命于她。但她作为杂志主编的角色非常重要。那是一本延续了很多年的杂志。我不从属于那个群体，因为我没有和维多利亚·奥坎波相同的文学品位。"[22]

那一年，博尔赫斯作为证婚人之一，参加了西尔维娜·奥坎波和阿道尔夫·比奥伊·卡萨雷斯在拉斯弗洛雷斯的婚礼。他经常去拜访他们，定期参加两人举办的文学聚会，同时小心地避开《南方》主编和她的法国被保护者。在三位作家和维多利亚·奥坎波——常常由其被保护者陪同——之间，开始弥漫着一种充满敌意的氛围。对三位朋友来说，凯卢瓦变成了"一个小小的不合时宜的人"（这个表示特性的形容词，实际上更具侮辱性）；而在维多利亚·奥坎波那边，则谈论着"地狱三人组"。维多利亚·奥坎波的敌意，体现在 1940 年 1 月 19 日罗杰·凯卢瓦写给伊薇特·比洛的一封未出版的信件中："星期一，西尔维娜和她那年轻的疯子秘密结婚了。这让全家人感到宽慰，但 Madame（奥坎波）除外……"[23]

与此同时，博尔赫斯正为另一件事情不遗余力：为他朋友的幻想小说《莫雷尔的发明》作序。这本书由洛萨达出版社出版，他的妹妹诺拉为封面画了插图。和他的“同伙们”一起，博尔赫斯为《幻想文学选集》工作。此书由南美出版社（维多利亚·奥坎波是该社创始人之一）出版，收录了他巧妙的故事《特隆、乌克巴尔、奥比斯·特蒂乌斯》，并配有一段简短的作者生平。凯卢瓦利用了这个机会：1941 年 4 月 2 日，他批评了这本选集，以其在博学和道义论上的匮乏为由表达了反对意见。

据凯卢瓦的第一任妻子——为了结婚，她于 1941 年 2 月与其重逢——说，在很长一段时间里，罗杰·凯卢瓦都无法与不说法语的人进行真正意义上知识层面的交流。从这个角度来看，尽管两人之间关系紧张，博尔赫斯仍可能是那一时期对凯卢瓦来说最著名、最为他所景仰（也许是秘密地）的西班牙语创作者之一。在 1940 年 7 月 23 日[24] 写给伊薇特·比洛的信中，关于常常在《南方》杂志社与自己擦肩而过的博尔赫斯，凯卢瓦写道：“他是这里最有趣的作家。”1941 年，也许是因为维多利亚·奥坎波与凯卢瓦之间出现了感情问题，博尔赫斯重新开始频繁地在《南方》发表作品，并将震惊四座的《小径分岔的花园》交给了南方出版社。除了在杂志上发表他的评论文章，这一年南方出版社还出版了他的译作——亨利·米肖的《一个野蛮人在亚洲》。1942 年 5 月，阿道尔夫·比奥伊·卡萨雷斯写下一篇献给博尔赫斯小说的精彩评论文章，发表在《南方》上。

1942年4月，在凯卢瓦的一本名为《侦探小说》的作品出版后，他（当时正投入于他本人创办于1941年7月的杂志《法国文艺》中）与博尔赫斯的关系再次恶化。尽管一直不动声色地仰慕博尔赫斯，凯卢瓦仍然受到了冒犯，即使在国家文学奖否定了博尔赫斯后——这无疑是因为他的反法西斯立场——也不发一言。而《南方》编辑部秘书何塞·比昂科从1938年起，就试图修复这种互相轻视的关系。凯卢瓦没有参与"向博尔赫斯致歉"——当年9月《南方》第94期献给博尔赫斯的专题。这一致歉，是博尔赫斯在《南方》影响力犹在的体现，即使是在维多利亚·奥坎波的面前。同年，南方出版社出版了博尔赫斯与阿道尔夫·比奥伊·卡萨雷斯一起，以布斯托斯·多梅克为笔名共同写作的《关于堂伊西德罗·帕罗蒂的六个问题》。值得注意的是，博尔赫斯个人的《虚构集》也出版了。但从1943年起，博尔赫斯的大部分作品主要由埃梅塞出版社出版发行，1944年出版的选集《最佳侦探故事集》便在此列。这一年，博尔赫斯获得了由阿根廷作家协会颁发的荣誉大奖。

而此时的罗杰·凯卢瓦，正在努力将一些南美洲作家介绍到北美洲、英国，以及法国——战争期间，《法国文艺》与物资一起被降落伞空投到那里。他作为推广者的使命，开始于1944年4月出版西尔维娜·奥坎波和智利人加夫列拉·米斯特拉尔（未来的诺贝尔文学奖得主）的诗歌。这一年，凯卢瓦在布宜诺斯艾利斯的法国文化中心与保罗·贝尼舒[1]谈到

①保罗·贝尼舒（Paul Bénichou，1908—2001），法国作家、文学评论家。——译注

博尔赫斯时，称其为“一位不同凡响的作家”[25]。在出版于1944年2月1日的第14期《法国文艺》上，凯卢瓦呈现了一个被奇特地命名为“亚述”的专题，其中收录了博尔赫斯的两篇短篇小说：《巴比伦彩票》和《巴别塔图书馆》。这两篇作品——刊登在维多利亚·奥坎波一篇有关其童年阅读的文章和玛格丽特·尤瑟纳尔①的一篇研究之后——由博尔赫斯的“亲密”友人奈斯托·伊巴拉翻译。凯卢瓦也献了一篇五味杂陈的序言给博尔赫斯，在突出博尔赫斯智慧的同时也强调了他的卖弄学问。无论如何，凯卢瓦都赞赏了他的作品。

1945年回到法国后，为南美洲文学的丰富性所感召，凯卢瓦继续扮演着推广者的角色。“你不要害怕，我最为珍视的，是美洲和你带给我的一切。”在一封写给维多利亚·奥坎波的信中，他感叹道[26]。凯卢瓦很快向非常重视其意见的加斯东·伽利玛②建议，可以出版一套南美作家丛书。从1945年8月25日那天起，一个问题被提出了。“除了你和博尔赫斯，我们还可以加入哪些阿根廷人呢？”凯卢瓦问维多利亚·奥坎波，这证明在他看来，布宜诺斯艾利斯智者的作品是不可或缺的[27]。9月25日，他热情地向让·保兰推荐道：“我请求您，向加斯东·伽利玛要我杂志的第14期看看。我急于知道您的意见。”[28]凯卢瓦支持南美洲的大量活动，稳定自身

①玛格丽特·尤瑟纳尔（Marguerite Yourcenar，1903—1987），法国诗人、小说家、戏剧家和翻译家。——编注

②加斯东·伽利玛（Gastón Gallimard，1881—1975），20世纪法国著名的出版家。——编注

职业生涯的需要，以及加入伽利玛的审读委员会，都令“南方十字”系列——出版合同在1945年10月23日签署完毕——的首次出版推迟了。第一本书是《虚构集》（奈斯托·伊巴拉译），于1951年出版后，受到了评论界的广泛好评。感谢罗杰·凯卢瓦在文化上的斡旋，博尔赫斯作品在欧洲的传播开始了。此外，美国也将在博尔赫斯的天才被广泛承认中扮演重要角色[29]。

维多利亚·奥坎波，伟大的文化中介者，是罗杰·凯卢瓦文化推广活动的根源所在。博尔赫斯本人双倍地亏欠于她。这是维多利亚在那封热烈的信中（幸运地被南方基金会资料室收藏，亦收录在本书中）努力让他明白的事情。这封1964年的书信，写于《埃尔内手册》豪尔赫·路易斯·博尔赫斯专刊出版之后。继1961年的福门托尔文学奖（罗杰·凯卢瓦是评委之一）之后，这本专刊成就了他真正意义上的国际性神化。作为杂志主编，维多利亚·奥坎波略带愤慨地回应了她的撰稿人的一些批评和阿道尔夫·比奥伊·卡萨雷斯的攻击，语气高傲而权威。她为自己在编辑上的选择（如《南方》创刊号中针对阿根廷读者而收录的照片）而辩护，解释了她曾向《埃尔内手册》专刊负责人（毫无疑问对博尔赫斯更为称赞有加）推荐了其他关于博尔赫斯的文章，并在某种意义上维护了平衡：博尔赫斯，在一定程度上是她的孩子。而博尔赫斯，毫不夸张地说，将多次承认他对法国和罗杰·凯卢瓦的亏欠（在本书收录的他于联合国教科文组织宣读的致敬也中有所体现），直到去世。他也将称颂维多利亚·奥坎波的功劳，强调她作为赞助人的角色。另一方面，直到最终，博尔赫斯都对她保持了一贯的忠诚——尽管有时他也与其他杂志合作，如 1947 年为《现实》撰稿。

这两位伟大的阿根廷人，因相似的政治承诺重新走到了一起。同样来自保守阶层，两人却都是自由主义者、民主主义者。1936 年，在布宜诺斯艾利斯召开的国际笔会代表大会上，维多利亚担任副主席。她选择站在法国和其他民主、和平主义（她是甘地的仰慕者）捍卫者一边，反对法西斯主义倾向（翁加雷蒂、马里内蒂）。1939 年，正如我们所看到的，《南方》出版了一期反法西斯主义专刊，博尔赫斯也参与了撰稿。第二次世界大战期间，维多利亚·奥坎波支持罗杰·凯卢瓦，很快便对国外反法西斯斗争表示支援，部分资助了《法国文艺》——根据阿根廷法律她是杂志的主编，并参与了 1940 年 5 月纳粹入侵荷兰、比利时之后由冈萨雷斯·罗乌罗倡导发起的“阿根廷行动”运动。在 1940 年 6 月 6 日发表的宣言中，这一组织宣布了阿根廷人民对民主的拥护和对极权主义原则的反对。[30]

在庇隆的统治下，二人都挺身而出，反抗民粹主义、民族主义独裁。1948 年 9 月，博尔赫斯的妹妹诺拉被捕，关押在善牧监狱；他的母亲莱奥诺尔由于年事已高，被软禁在家。博尔赫斯被任命为布宜诺斯艾利斯菜市场家禽类检查员……维多利亚则于 1953 年 5 月被捕，被关押于善牧监狱一个月。由加夫列拉·米斯特拉尔领导的国际声援活动，使她得以获释。本书中回忆这段艰难时日的文章和文件不在少数：博尔赫斯的信件，“对话”部分，以及维多利亚的读文。为了谋生，博尔赫斯必须开设讲座、课程（在他写给维多利亚的信中，有一封署名处写着“来自一个流亡者的吻”）。确切地说，如果博尔赫斯有“对共产党人的恐惧”，如同他母亲在 1971 年 3 月 14 日的信中所说的那样，那么维多利亚·奥坎波则并未受太多影响。她最好的朋友，玛利亚·罗莎·奥利弗①便是共产党人。在《南方》内部，也有相关的辩论……我们注意到，博尔赫斯也负责了杂志的内部事务，这显然没有说服维多利亚·奥坎波[31]。1972 年，通信显示，他们三人（博尔赫斯，他的妹妹诺拉，以及维多利亚·奥坎波）都抗议了庇隆归国。

20 世纪 30 年代初，美国哲学家沃尔德·弗兰克曾鼓励维多利亚·奥坎波就她国家的身份认同进行更为深入的追问。从 1927 年起，她开始对阿根廷的特性产生兴趣。她与博尔赫斯的相遇，正是由于后者所做的关于“阿根廷人的语言”的讲座。这并不仅仅是这个国家精英阶层的成员才会有的语言学上的担忧，在某种程度上，也是一种政治上的反思。当时，阿根廷是一个刚建立不久的国家，正在努力——特别是在文化版图上——以自主性、世界性的方式定义自我。关于阿根廷认同，两人都拥护一种开放的定义，植根于这个国家的特殊性和自身的历史，但同样心怀他人。一种因属于美洲而特别汲取了养分的认同感。但除此之外，在那个时代，也为欧洲文化的支撑而感到愉悦。博尔赫斯将提到，维多利亚·奥坎

---

①玛利亚·罗莎·奥利弗（María Rosa Oliver，1898—1977），阿根廷作家。——编注

波具备关于特定文化的真正知识。她很早就是不无理想化的“世界公民”了，1980年，在世界教科文组织举办的致敬活动上，博尔赫斯曾这样称赞道。与他一样，维多利亚·奥坎波“有着关心所有国家、所有时代的宏愿”，与此同时，她也是“一个好阿根廷人”。

和妹妹安杰丽卡[①]一起，这位女性将两栋大宅捐赠给了联合国教科文组织。在那篇发言稿中，对他来说，她几乎变成了一个由博尔赫斯式主题之一——“对永恒的想望”所驱动的形象。“比我们身体的血统更重要的，是灵魂的血统。”在回忆《南方》主编时，博尔赫斯如此强调，并补充道，“一切都属于同一种文字。”博尔赫斯还说：“我们应当继续她的事业，我们不应该只关心一个国家，一段唯一的历史进程……我们应当关心整个宇宙。”

在这篇感人的诔文中，博尔赫斯总结了这位“值得颂扬”的女性的斗争。她并非附庸风雅之人，而是热情好客，对“周围的”文学深感兴趣。她很勇敢。维多利亚·奥坎波也曾向失明的作家，赞赏了他相同的品质——勇气。“这一考验（再也不能阅读），对任何一个从童年开始就以阅读为生的人来说都是可怕的，而博尔赫斯以一种我无法评判的、堡垒般的力量接受了它。”她在《豪尔赫·路易斯·博尔赫斯的视角》一文中写道。此外，博尔赫斯坦承，维多利亚“微妙地”为自己

①即安杰丽卡·奥坎波（Angélica Ocampo，1891—1980），维多利亚挚爱的妹妹。——编注

提供了“帮助”，例如和艾斯特·森波兰恩[1]一起，开始了任命他到阿根廷国立图书馆工作的呼吁。

无论是“对话”，还是博尔赫斯写给维多利亚的信，都浸透了一种“持久的感激之情”，同时不失幽默感(参见他对《小径分岔的花园》中写给维多利亚·奥坎波献词的反思)。以上种种是他们相互仰慕的印记，尽管两人之间存在着误解。“我认为所有阿根廷人，尽管他们并不知道或拒绝承认，都对《南方》有着无尽的亏欠。”他于1967年说。在两人的通信中，博尔赫斯提供了多篇简明扼要的关于其家族的故事。而维多利亚，则在信中显示出了她的高度热情和务实作风。而在当下之外，博尔赫斯以文学家的方式处理着他的大部分问题：命运（“当我还是个孩子的时候，便知道文学是我的宿命”），恒久不变（我生活，或者说尝试着，以一种非个人的方式生活：我确信自己进步得非常少，确信自己和我曾经是、将成为的，［在本质上］是同一个人）。在他作品的回声中，讽刺意味和英雄主义都有自己的位置（当他谈起在木轮马车上刻下“去加利福尼亚，或者死在去加利福尼亚的路上”的拓荒者时）。所有这些文字，因其细微精妙之处而极富启发性。

梦境和现实，欺骗，矛盾情绪，抽象与情感，关于祖国和圣伊西德罗的乡愁，阿德罗奎的气味（“这里的树木给我

①即艾斯特·森波兰恩（Esther Zemborain de Torres Duggan，1923—2009），阿根廷作家，曾与博尔赫斯合著《美国文学导引》。——编注

们带来圣伊西德罗的回忆，还有——您不要想歪了——阿德罗奎的回忆”，博尔赫斯于 1954 年写道），祖先，诺拉和莱奥诺尔·博尔赫斯，安杰丽卡·奥坎波，他们的俗世关系，电影，准备进入法兰西学院的罗杰·凯卢瓦，是他们共同棋盘上的其他格子。在谈论童年时，博尔赫斯喃喃地说：“在内心深处，我和那时是同一个人。我几乎没有学会什么新的技艺。”或许，这少数新技艺中的一个——并非那些不够娴熟的之一，便是以卓有成效的方式与维多利亚·奥坎波并肩而行、终生对话吧。

注释：

[1] J.L.Borges-E.Sabato，*Conversations à Buenos Aires*，由Orlando Barone 编辑。该访谈进行于1974 年。

[2] 博尔赫斯献给维多利亚·奥坎波的一篇美丽短篇小说的标题。1941 年，奥坎波的同名选集出版了。

[3] José Bianco，"Des souvenirs"，*Cahiers de l'Herne Jorge Luis Borges*，París, 1984，p.2。值得注意的是，博尔赫斯那时写了很多情书，特别是给艾斯特拉·甘多（Estela Canto）。

[4] 莱奥诺尔·阿塞维多·德·博尔赫斯的序言，出处同上。

[5] 出处同上，p.10。

[6] 在《南方》杂志第1 期的公开信中，维多利亚·奥坎波表明："沃尔德，无可非议地，这本杂志属于你，属于你和所有在那时围绕在我身边，以及未来将要围绕在我身边的人。属于所有来到美洲的人，所有心怀美洲的人，和那些生而为美洲人的人……"

[7] E.Rodríguez Monegal，*Jorge Luis Borges*，出处同上，pp.277/8。

[8] Jean de Milleret，*Entretiens avec Jorge Luis Borges*，París：Pierre Belfond，1967。

[9] Josefina Ludmer，见于Annick Louis，*Borges y el fascismo*, París ：Editions Aux lieux d'être，2006，p.237。

[10] E. Paz Leston，见于Victoria Ocampo，*En temoignage*，París：Editions des Femmes，2013。

[11] Annick Louis，同上注，p.214。

[12] E.Rodríguez Monegal，同上注，p.275/6。

[13] Annick Louis，同上注，p.233。

[14] 埃内斯托·萨巴托的序言：Laura Ayerza de Castilho y Odile Felgine，*Victoria Ocampo*，París：Criterion，1990，p.2。

[15] 奥克塔维奥·帕斯："《南方》对几乎所有的西班牙语美洲作家来说，都曾是一座神庙，一个家，一个自然亲切的相遇之地。" 1979 年5 月20 日，*Vuelta*，México。

[16] Victoria Ocampo，同上注，p.3。

[17] "Borges vale el viaje"，*Cahier de l'Herne J.L.Borges*，cit.p.105。请参考朱利安·艾尔维尔（Julián Hervier）为《维多利亚·奥坎波》所写的序言：Victoria Ocampo，*Drieu*，París：Bartillat，2007　和Pierre Drieu La Rochelle/Victoria Ocampo，*Lettres d'un amour défunt*，París：Bartillat，2009。

[18] Victoria Ocampo，Laura Ayerza de Castilho y Odile Felgine，同上注，p.199。Reed-ición numérica Fleurus 2012。

[19] 笔者认为，罗杰·凯卢瓦确实做出了一些对社会学学院有失尊重的声明。然而，他并不支持法西斯主义者。请参考Odile Felgine，*Roger Caillois*，París：Stock，1994，以及两份研究："Victoria Ocampo，Jorge Luis Borges y Roger Caillois" 和 "Los escritores franceses exilados en América latina y la Resistencia exterior" en "Caillois，Borges，Lévi-Strauss y la escritura en el exilio"，Editions Dianota，en prensa，2014。另有座谈记录 "De Gaulle y América latina"，Fundación De Gaulle，Presses Universitaires de Rennes，en prensa，2014。

[20] "Correspondencia Jean Paulhan-Roger Caillois"，*Cahier Paulhan* No.6，由奥蒂勒·菲尔吉内编辑、注释的版本。

[21] "Caillois，Borges，Lévi Strauss y la escritura en el exilio"，同上注。

[22] Adolfo Bioy Casares, entrevista con Jacebo Machaver，1996年4月15日。

[23] 罗杰·凯卢瓦写给伊薇特·比洛的信，1940年1月19日（未出版），colección Catherine Rizéa-Caillois。伊薇特·比洛-柯迪尔写给奥蒂勒·菲尔吉内的信，1988年7月1日（未出版段落）和罗杰·凯卢瓦写给伊薇特·比洛的信，1940年7月23日（未出版），colección Catherine Rizéa-Caillois。如果罗杰·凯卢瓦从来没有变成过博尔赫斯创作中任何特别的人物，就像让-皮埃尔·贝尔内在 *Œuvres, Borges*, La Pléiade, tomo 1 中指出的那样，诚然他从来都没有获得过一句献词，然而，我们有理由认为，他以隐晦的方式，出现在了《特隆、乌克巴尔、奥比斯·特蒂乌斯》中那个异教创始人角色身上——对他来说，镜子和父性都令人厌恶。这篇小说是《小径分岔的花园》的一部分。对感到被围困，或许对那个不合时宜的小小反叛者的个性印象深刻的博尔赫斯来说，这难道不是一种幽灵般的表现形式之下，将凯卢瓦纳入自己世界并征服他的方法？在这个故事里，我们也注意到比奥伊·卡萨雷斯的在场，他是现实中与凯卢瓦的入侵针锋相对的"地狱三人组"成员。1978年11月28日，凯卢瓦在与赫克托尔·比安西奥蒂、让-保尔·恩托芬遗嘱般的对话中坦承："说实话，我厌恶冗余、重复的世界。我痛恨镜子，它们令影像加倍出现。我也讨厌繁殖，还有那些为一个人口已经过多的世界添加婴孩的小说家。"毫无疑问，上述种种，同样为博尔赫斯所排斥。详见*Borges*, E.Rodríguez Monegal, ibíd. p.45/7。

[24] 未出版的信件：colección Catherine Rizéa-Caillois。

[25] Paul Bénichouen "Jorge Luis Borges", *Le Magazin Litteraire*，1988年11月，p.37。

[26]《罗杰·凯卢瓦、维多利亚·奥坎波通信集》，由奥蒂勒·菲尔吉内编辑，与劳拉·阿耶尔萨·德·卡斯蒂略（Laura Ayerza de Castilho）合作，并受到胡安·阿尔瓦雷兹-马尔克兹（Juan Álvarez-Márquez）的帮助。París：Stock, 1997, p.234。亦可参考"*De l'américanité à la médiation.Roger Caillois et Victoria Ocampo*", Europe,"Roger Caillois", noviembrediciembre 2000, p.90。被引用于：Odile Felgine,"*Caillois, Borges Lévi-Strauss et l'écriture en exil*", éditions Dianoïa，计划于2014年出版。

[27] *Correspondencia Roger Caillois-Victoria Ocampo*，同上注，p.226。

[28] 同上注，pp.157-158。

[29] Entrevista con Jean de Milleret，同上，p.55。根据里耶斯·温特尔普（Lies Wijnterp）的博士论文中*Making Borges: mediators in the early reception of Jorge Luis Borges' work in France and in the United States*, Radboud University Nijmegen（Universidad Radboud de Nimègue）, 2013，"凯卢瓦翻译版本在德国和意大利影响很大，如同罗杰·凯卢瓦和维多利亚·奥坎波的通信所体现的，以及桑托斯·乌纳穆诺关于意大利的研究、布洛勒斯关于德国的研究。关于在美国和英国的出版进程中，亦可看到罗杰·凯卢瓦的影响力，但那也是一条特别独立的途径。"

[30] "Caillois, Borges, Lévi Strauss y la escritura en el exilio"，同上注。

[31] *Œuvres, Borges*, La Pléiade，第1册。Cronología, LXXVIII, Gallimard, París, 1993。

豪尔赫·路易斯·博尔赫斯

维多利亚·奥坎波[1]

《李尔王》中的一个人物曾说:“成熟就是一切。”成熟或许并不是一切,因为为了到达它,无可避免地要经过其他阶段。但未能获得它的人确实会显得不完整,他们或许很迷人,但永远是被折损的。

有些作家——就像有些人一样——从来未能成熟。他们从未到达过成熟所意味着的那完美的一点。他们或许是令人喜爱的青涩果实,奇迹般的新芽,神秘的花蕾,但永远不会超越这一阶段。虽然可以说,在这些作家中,有些人的迷人之处恰恰在于未曾成熟。有些玫瑰只有在含苞待放时才是美丽的,它们会立刻凋谢,仿佛不是为了开花而被创造出来的;而另一些玫瑰,只有在盛开时才会绽放出最完满的光泽,且不会轻易凋零。

本文的开篇,正是对博尔赫斯其人的形容,被我这个忠实的记录者记录下来并传递出去,心怀满足与骄傲之情(为能够传递本质上如此阿根廷、品质又如此出色的内容而骄傲)。可以说,从认识博尔赫斯的那一刻起——那是《船艏》杂志时期,一晃距今已近三十年了——我便一直仰慕他。但那是一种有所保留的仰慕。过去我常常问自己,博尔赫斯会不会永远是一株可贵的萌芽,还是终有一日会开花,而又不立即凋零。我不安地问自己,因为像他那样独特的天才和罕见的人格,对我们来说代表着比文学上的成功更多的东西:那是将所有的胜利握在手中,一本通往当代文学上层社会的护照,我们阿根廷人的航行许可,上面写着我们所有的阿根廷特殊性和本质上的普遍性——最好的阿根廷人的主要特征之一。

弗朗西斯科·罗梅罗[①]在《南方》中谈及过博尔赫斯的“语言天才”。阿玛多·阿隆索曾说：“我们中没有人创造过如此风格化的风格。”而佩德罗·恩里克斯·乌雷尼亚补充道，博尔赫斯并非富于独创性，因为他总是打算这么做；“等博尔赫斯放弃如此打算的时候，他才会真正独树一帜”。而我认为，当时的博尔赫斯正在通往独树一帜的道路上。

刚开始阅读和认识博尔赫斯的时候，我就意识到了这些，但那时我自己也还是一颗青涩的果子，正在寻找成熟。这让我对博尔赫斯更加严格，那时他已经是我心中一流的文学创作者。而我在文学中寻找的“生命食粮”——既非独一无二，也没有恰如其分的文学性——那个博尔赫斯无法给予我。那时我责备博尔赫斯，他年纪比我轻，才华比我高，却没有立刻履行因其无可争议的文学天才而具有的义务，也未享受相应的权利。

这些因他而产生的情感与想法，我之前从未提起过。在他身上有一种讽刺那些与他品位不符的事物的倾向，而我们的品位不尽相同。博尔赫斯的反讽在我身上的作用，就像柠檬之于张开的牡蛎。不是因为讽刺使我不快（他的讽刺中不乏灵魂和滋味），笑声向来能让我生活得更好。但在我们信奉不同神祇的那些年里，当我们对同一位神意见一致，那一定是因为相反的原因。这让我在博尔赫斯面前非常胆怯，而这，恰恰是由于我仰慕他的才华。此外，比起受到伤害，我

①弗朗西斯科·罗梅罗（Francisco Romero，1891—1962），哲学家。——编注

那时更怕伤害他人。博尔赫斯，在谈到马拉美的时候，曾说过："那些陈腐的主题也无法使他满足，在寻找诗之前，他宁愿寻找负面的事物，一朵花或一个女人的缺席，一张纸的苍白。"而只有在内心的法典中，我才会向博尔赫斯指出："凭什么要把你的创造才能限制在灵魂的游戏上？'abolis bibelots d'inanité sonore'[2]那么美，你为什么总是拿它取乐？"

如果"博尔赫斯全景"没有改变的话，今天我不会写下上面的话。一个"tel qu'en en lui même en fin"[3]的博尔赫斯，感谢上帝，他毫不妥协的原创性没有变。

我只喜欢写我最喜欢的人和事，不管他们有多少缺点。因为我以写作自娱。为了满足无法忍受谎言的内心世界的严格要求，今天我写关于博尔赫斯的文章，或者带着满足与骄傲来花时间阅读他，都是因为现在我很喜欢他。我喜欢他，因为此刻他已抵达了长久以来我认为会在他身上看到的成熟时刻——在很久以前，带着因希望而诞生的不安，我们已经在渴盼着这一刻的到来。

如果要讲述博尔赫斯跨越文学世界，更确切地说，跨越精神世界（那行踪飘忽不定的世界）的旅行，没有人比他本人更适合给我以线索，以使我缓慢地接近他，接近他的作品。在这个相互轻视的时代，在这个由分歧和日常生活的不公构成的时代，这对我来说事关重大。接近博尔赫斯，比任何我能想象的事都更令人愉快得多。不知道他是否认可我所赞同的，但在内心深处我对此并不太在意。就是如此。这就够了。

博尔赫斯，“乔吉”——朋友们这样叫他——住在迈普街，这正是他于1925年歌颂过的布宜诺斯艾利斯中心：

布宜诺斯艾利斯的街道
是我灵魂最隐秘的部分[4]
城市在我身上
像一首无法付诸语言的诗

所有真正喜爱阅读的阿根廷人，都带着惊奇读过这本小书，并在那面向我们摊开的镜子中看到过自己。我们认出了自己。

就是沿着这条沉睡而混浊的河
开来了船舶，建立了我的故乡？
小小的彩船必定曾经上下颠覆着航行
在栗色激流中的根块之间。
很难相信布宜诺斯艾利斯有什么开始：
我想它就像水和大气一样永恒不灭。[5]

就在几天前，我去迈普街和博尔赫斯聊了聊过去和现在。这个街区我们很熟悉。我们在那里出生，也在那里生活过。博尔赫斯生于1899年8月24日，在图库曼街，离我住过很长时间的家——如今《南方》的办公室——只有几步之遥。

博尔赫斯的文学生活，据他母亲对我说，始于他六岁之时。那时他写了一篇题为《命中注定的河》的故事，风格是

《堂拉米罗的荣耀》[6] 式的。在这个故事中，人们不“死”，而是“去世”。

九岁那年，博尔赫斯翻译了奥斯卡·王尔德的《快乐王子》。这篇译文发表在《国家报》上，一位英语教师读过后，以为这是真正译者父亲的作品。

祖母是英国人这件事，对乔吉的人生和作品影响至深，因为他的童年是在贪婪地阅读狄更斯①、史蒂文森、吉卜林、布尔沃-利顿、马克·吐温、埃德加·爱伦·坡中度过的。他阅读并重读《哈克贝利·费恩历险记》。H.G. 威尔斯的《月球上最早的人类》给他留下了极其深刻的印象。仿佛是报复性地，他极少阅读西班牙作家的作品，像那个时代所有有条件请法国家庭女教师的——这并不总是令人嫉妒的——年轻读者一样，他被命令用法语阅读。然而，《堂吉诃德》一直以来都是他的枕边书。他也读过《法昆多与浮士德》[7]。所有这些书，都是他十岁到十一岁时读的。

阅读威廉·莫里斯翻译的《沃尔松格萨迦》，对他后来的作家生涯产生了重要影响，也决定了他对来自北欧的一切的偏好。这一吸引力，并未随着时间的流逝而停止增长。

1914 年，博尔赫斯举家迁往瑞士，并在战争期间不得不停留在那里。在瑞士，乔吉在一册海涅诗集和一本德英词典

---

①即查尔斯·狄更斯（Charles John Huffam Dickens，1812—1870），英国作家。——编注

的帮助下自学了德语。这是他在假期做的事。他也学习了拉丁语，并在日内瓦用法语通过了高中毕业考试。

1919年，博尔赫斯一家搬到了西班牙，并在那里度过了三年。在马德里，乔吉与拉法埃尔·坎西诺斯·阿森斯的圈子交往密切，后者是陀思妥耶夫斯基（俄语）、《一千零一夜》（阿拉伯语）和歌德（德语）的西班牙语译者。在这“多语种之地”，乔吉如鱼得水。他也曾加入过一个超越主义小组，实践了自由诗歌——不使用标点符号、大写字母，以及题材上自愿的黑暗，像后来的“垮掉的一代”一样，展示着自己的独立性。

回到布宜诺斯艾利斯后，1921年，博尔赫斯创办了“壁式杂志”——像张贴任意一张告示一样，将杂志贴在建筑物的墙壁上（“他们宁愿看些其他的东西”）——《棱柱》。博尔赫斯夫人仍然记得，那时她得努力帮儿子的街头文学杂志找到装糨糊的水桶。

爱德华多·冈萨雷斯·拉努萨[①]，潘丘·比涅伊罗·比科，胡安·吉耶尔莫·博尔赫斯[②]和诺拉·朗热协助了博尔赫斯的这一工作。

1923 年，《布宜诺斯艾利斯的热情》出版，而这场抒情的爆发并未在给予诗人灵感的城市引起任何回响。相反地，在马德里，拉蒙·戈麦斯·德·拉·塞尔纳[③]在《西方杂志》上撰文赞赏了此书；狄埃斯－卡内多[④]拜访并祝贺了博尔赫斯；阿尔丰索·雷耶斯给他写了信。博尔赫斯很喜欢回忆信中的一句话："我看到了军人祖先们的名字。我也是。"因为毫不好战（如果不是以堂吉诃德的方式）的博尔赫斯，总是带着感伤的愉悦回想起他的祖先们——身披战袍，为解除桎梏与赢得永恒的桂冠而战。

1925 年，《面前的月亮》（诗集）出版；同年，《船艏》创刊，但仅维持了一年多。这一年，乔吉结识了里卡尔多·圭

①爱德华多·冈萨雷斯·拉努萨（Eduardo González Lanuza，1900—1984），阿根廷诗人、作家。——编注

②此处疑为原书错误，应为：吉耶尔莫·胡安·博尔赫斯。吉耶尔莫·胡安·博尔赫斯（Guillermo Juan Borges，1906—1966），博尔赫斯的堂弟，阿根廷诗人、超越主义者，杂志《棱柱》创办人之一，《船艏》撰稿人。——译注

③拉蒙·戈麦斯·德·拉·塞尔纳（Ramón Gómez de la Serna，1888—1963），西班牙作家。——编注

④狄埃斯－卡内多（Enrique Díez-Canedo Reixa，1879—1944），西班牙后现代主义诗人、翻译家、文学评论家，曾任西班牙驻阿根廷大使。——译注

拉尔德斯[①]，而我立刻就通过里卡尔多认识了乔吉。他是个二十五岁的青年，无论是步伐、声音、握手的力度，还是他预言家、灵媒般的眼睛——和他迷人的妹妹诺拉的一样，都带着羞涩。

1928年，《阿根廷人的语言》（散文）出版。本书于1929年获得了城市文学奖，奖金有三千比索。博尔赫斯立刻买了一套《大英百科全书》（二手），并将余下的奖金花在了和朋友们一起喝的数不清的牛奶咖啡上。《埃瓦里斯托·卡列戈[②]》（对这位民间诗人生平和生活环境的回忆）出版于1930年。

1931年1月，一本新的杂志即将面世。（正于文学世界起步的）爱德华多·马耶阿和（初次访问布宜诺斯艾利斯的）沃尔德·弗兰克强烈地劝说我，由我来创办这本杂志是责无旁贷的。我妥协了。自然，我们将博尔赫斯列为主要撰稿人之一和杂志顾问。

《南方》第1期收录了博尔赫斯一篇关于"阿斯卡苏比上校"（在那一时期，我们没有任何反对上校们的意思……）的文章和一篇关于商人马车——现在已经变成了卡车——上面曾经有过和至今仍有的海报和传说的短文。这篇短文是我特别请他写的，因为这个话题十分"博尔赫斯"。

在《南方》第2期中，有一篇关于《马丁·菲耶罗》的文章。

---

①里卡尔多·圭拉尔德斯（Ricardo Güiraldes，1886—1927），阿根廷小说家和诗人。——编注

②埃瓦里斯托·卡列戈（Evaristo Carriego，1883—1912），阿根廷诗人。——编注

这首高乔诗歌——我们的《罗兰之歌》——的作者，是我外曾祖母的表亲。而由于我们住在同一个街区，可以说我们属于同一个家族。那是《圣马丁札记》中的街区，博尔赫斯为他的一本书选了这个名字，因为这是学生们做作业用的本子的名字。想来令人奇怪，若干年后我们可能会为与这位圣马丁[①]将军的亲戚和朋友关系付出代价；而现在，却在用鞭炮和铙钹纪念他的诞辰。不过在这里先暂且不提。

1936 年和 1937 年，我的新出版社（为了让我不至于仅将自己与杂志绑在一起，奥尔特加·加塞特建议我成立一家出版社）出版了博尔赫斯的两本译作：弗吉尼亚·伍尔夫的《一个人的房间》和《奥兰多》。比起译者的喜好，这两本书更符合我的审美。1941 年，博尔赫斯为《南方》翻译了亨利·米肖的《一个野蛮人在亚洲》。1944 年，我的出版社出版了他的《虚构集》，这让他获得了国际编辑奖。博尔赫斯还翻译过福克纳的《野棕榈》和纪德的《珀耳塞福涅》——《南方》特意将斯特拉文斯基这部作品的首演之夜安排在了哥伦布剧院，我也有幸以旁白的身份参与了演出。这是 1946 年。

那时，我们尚未意识到在国家正在发生着什么（就像在所有国家发生的一样，即使是在最为发达的国家），一个黑暗的上校变成了共和国的总统。博尔赫斯立即被任命为布宜诺斯艾利斯市场的禽类销售检查员。对一位作家不乏创意的任命。庇

---

①圣马丁（José Francisco de San Martín Matorras，1778—1850），阿根廷将军、南美西班牙殖民地独立战争的领袖之一、杰出的军事统帅、阿根廷国父。——编注

隆时期可真不缺这一类的创意，谁也不能否认它的这个优点。

博尔赫斯，惊讶地——温和而适度地——问一位高级公务员他怎么可能被任命出任此职，既然有三十或四十个职员比他更加胜任这一工作。高级公务员回答说：

“您在战争期间是盟军支持者吗？”

“是的。”提问者回答道。

“那么，您还想怎样？”

一切都再清楚不过了。

不久后，博尔赫斯自觉必须拒绝他的新职责。而英国文化协会则幸运地意识到，在成为一位羽翼丰满的禽类检查员之前，博尔赫斯本人就是“珍禽”，因此决定为他提供一个文学教授的职位。高等教育自由学院与英国文化协会所见略同，他们邀请这位前火鸡、母鸡检查员做了一系列关于英国和北美作家的讲座，这令他有条件吃到上述禽类。就这样，博尔赫斯开始了一段他曾认为自己无法胜任甚至令他反感的冒险：开设讲座和课程。他被迫开始了这段最终延续了下去的职业生涯，令听者受益匪浅。如今，博尔赫斯不仅教授英美文学，还脱稿讲授其他主题，如果学生需要，也可以直接用英语授课。

阿根廷作家协会的荣誉大奖也是在那个年代设立的，为了补偿博尔赫斯——他没能获得本应颁给他的国家文学奖——《南方》在那时出版了一期题为“向博尔赫斯致歉”的专刊。

《小径分岔的花园》是1941年在南方出版社出版的。在墨西哥，博尔赫斯的一册《日耳曼古代文学》（与德里娅·因赫尼耶罗合作）和一本《幻想动物学手册》出版了。

是时候记起博尔赫斯与他的密友阿道尔夫·比奥伊·卡萨雷斯、我妹妹西尔维娜·奥坎波的合作了。他们一起写过很多书，首先是一部《幻想文学选集》（1940）。在回忆中搜寻，一个发生在很多年前、主角并不知情的故事浮现在我脑中。当比奥伊·卡萨雷斯还是小阿道尔夫的时候，有一天他的母亲来看我，与我长谈她青春期的儿子投身文学的倾向。他是独生子，备受喜爱。她既不安又骄傲，问我谁能够为她担心的对象出谋划策，哪位阿根廷作家能够指引他。我毫不迟疑地回答："博尔赫斯。""您确定吗？"她问我。"完全确定。"我回答道。我没有弄错。尽管年龄上有差距，这两人之间将诞生一段伟大的友谊。我对此虽有预感，却也未曾想象到他们的友谊会变得如此强烈，也没有想到我妹妹会嫁给比奥伊·卡萨雷斯，以及博尔赫斯出入两人家中会如此宾至如归。

1941年，这三个同伙的《阿根廷诗歌选》出版了。说他们是"同伙"，是因为我觉得他们有些独断专行。而他们肯定也是这样看我的。

第二年，博尔赫斯和比奥伊·卡萨雷斯用H. 布斯托斯·多梅克的笔名所写的《关于堂伊西德罗·帕罗蒂的六个问题》出版了。博尔赫斯曾说，作者的原意是写一本侦探小说……但很快就变成了一部讽刺作品，小说中的人物控制了作者。

1946年，他们用同一笔名写的《两个令人难忘的幻想》出版了，并用另一笔名苏亚雷斯·林奇发表了《死亡的范例》。

他们两人都投入到侦探小说的世界里，置身于错综复杂的线索之中。博尔赫斯-比奥伊·卡萨雷斯的另一部选集《最佳侦探故事集》又出版了。1953年，他们的《短篇与奇异故事集》出版了。（1960年，南方杂志社出版了《天堂与地狱之书》——诞生于两人合作的高乔文学选集。）

没有什么是永恒的，特别是独裁者们（尽管他们当权时，一切都像一种残忍的永恒）。一天，上校逃走了。于是博尔赫斯开始接受他早就应得的荣誉：库约大学荣誉博士（1956），文哲系英美文学教授……但对梦想着生活在书林之中的他来说，最重要的，是被任命为国家图书馆馆长。遗憾的是，他的视力背叛了他，就像背叛了另一位馆长保罗·格鲁萨克一样。在《赠礼之诗》中，博尔赫斯对我们说：

> 他让失明的双眼来充当
> 这座书城的主人，这眼睛只能
> 在梦的图书馆里阅读……
>
> 因为饥渴（一个希腊传说讲述道）
> 一位国王在喷泉与花园间垂毙；
> 我漫无目的跋涉在这盲目的
> 图书馆，这座高大而幽深的监狱。
>
> 我，总是在想象着天堂
> 是属于一座图书馆的类型……

格鲁萨克或博尔赫斯，我看着
这亲爱的世界变形与熄灭
成为一堆苍白而模糊的灰烬
就仿佛是梦境，或者是遗忘。[8]
（陈东飚译本）

这一考验（再也无法阅读），对任何一个从童年开始就以阅读为生的人来说都是可怕的，而博尔赫斯以一种我无法评判的、堡垒般的力量接受了它。但似乎因为内心世界拥有如此多的宝藏，积累起了如此丰富的影像，以至于他已经不太需要眼睛了。这双奇特的眼睛，即使在他还是明眼人的时候，也会在未曾看见之时凝望。因为，就像《创造者》向我们描述的那些黑船一样，他的双眼一直在不可见之海上寻找挚爱的岛屿。

博尔赫斯的选集《创造者》刚出版不久。字里行间，混杂聚集着许多全然不同又一模一样的博尔赫斯。他本人曾说过："在我付梓的书中，我相信，没有一部像这个不同课题和观点的凌乱集合那么私人了，这恰恰是因为它充满了映像和篡改。"

博尔赫斯的散文和小说向来很短。在他身上，这种简短令人惊讶——他总是像一股什么都无法阻挡的泉水，即将倾泻而出。

目前，博尔赫斯正在和一群学生一起研究盎格鲁-撒克逊语。他预计会有一部《英国文学起源史》于近期出版，同时也在为《南方》准备一本选集，希望以候鸟般的忠实，展示以不同形式在不同年代反复出现的文学主题。

最近，我在问自己，在博尔赫斯结识的人和阅读的作者当中，谁对他产生的影响最深。“马塞多尼奥·费尔南德兹[①]。”他回答我说。马塞多尼奥是他父亲的朋友，一位令人尊敬的谈话者。比起他的作品，他的意愿对博尔赫斯的影响更大。某天，博尔赫斯在马塞多尼奥面前提起了维克多·雨果，他当时很崇拜雨果，今天依然。直到今天，想起马塞多尼奥当时的惊叫——“别跟我提这个令人难以忍受的马赛人”，博尔赫斯还是会笑起来。纪德的“不幸的是”——马塞多尼奥对此并不熟悉——变成了“难以忍受的马赛人”[9]。

一条对于我们来说非常重大的新闻：博尔赫斯正在考虑写一部关于 1955 年革命的作品。

他还告诉我，他的品位和观点产生了变化。以往他推崇侦探小说，因为其结构复杂；现在，无论是这些结构还是聪明才智，都引不起他的兴趣。伟大的书籍会永存。智慧比聪明更重要。“试图令人惊讶的风格转瞬即逝。”他不再喜爱克维多[②]甚于塞万提斯[③]，不再喜爱卢贡内斯[④]甚于鲁文·达里

---

①马塞多尼奥·费尔南德兹（Macedonio Fernández，1874—1952），阿根廷作家。——编注

②克维多（Francisco Gomez de Quevedo y Villegas，1580—1645），西班牙作家。——编注

③塞万提斯（Miguel de Cervantes Saavedra，1547—1616），文艺复兴时期西班牙小说家、剧作家、诗人。——编注

④卢贡内斯（Leopoldo Lugones，1874—1938），阿根廷诗人。——编注

奥[1]，或是喜爱切斯特顿[2]甚于萧伯纳[3]。“现在我觉得自己以前搞错了。”他说，眼中是那比我们看到更多事物的目光。

“关于当下的文学我了解得很少。”他说，“从五年前开始我就不再读书了。”康拉德[4]、亨利·詹姆斯[5]、萧伯纳不断回到他的谈话中。他们是他此刻的作者。

用三十行令人赞叹的文字，博尔赫斯在《创造者》中定义了他自己。在那本书中，他试图给予一种类似“博尔赫斯的定义”的东西：

“斯宾诺莎认为所有事物都力图保持它们自己：石头想做石头，老虎想做老虎。我将留存在博尔赫斯身上，不是在我自己身上（如果我算是某个人的话），但我从他的书中并没有看出多少我自己，倒是从别人的书里或从费力的吉他演奏中看到了更多的我。若干年前，我努力使自己摆脱他，从城郊贫民窟的神话转向有关时间与无穷的游戏，但那些游戏现在成了博尔赫斯的一部分，我又得转向其他的东西。所以我的生活总不顺利，我失去了一切，而一切却被留给了忘却，或留给了那个人。我们俩中谁在写下这一页，我不

①鲁文·达里奥（Rubén Darío，1867—1916），尼加拉瓜现代作家，拉丁美洲现代主义诗歌最重要的代表人物。——编注

②切斯特顿（Gilbert Keith Chesterton，1874—1936），英国作家、文学评论家，经常被誉为“悖论王子”。——编注

③萧伯纳（George Bernard Shaw，1856—1950），爱尔兰剧作家。——编注

④康拉德（Joseph Conrad，1857—1924），英国作家。——编注

⑤亨利·詹姆斯（Henry James，1843—1916），美国小说家、文学批评家、剧作家和散文家。——编注

知道。”[10]

而您的游戏，博尔赫斯，是那个“谁输了才是赢家”的游戏。但在我这里，您永远都不会输。我不在乎我正在和两个人中的谁说话。但请您相信我，这是最不重要的事情了。

注释：

[1]本文发表于《埃尔内手册》第4期（1964），是维多利亚·奥坎波一篇献给博尔赫斯的法语文章的西班牙语译文。维多利亚的西班牙语原文（丢失），为收入《手册》，最初由劳拉·巴泰隆（Laura Bataillon）译成法语。本文引用的博尔赫斯的诗句和段落，分别遵照其西班牙语原文转写。《埃尔内手册》是一系列献给文学巨匠——一些闻名遐迩，另一些颇具争议性——的专题。《手册》也曾出版过关于塞里纳、米肖、贝尔纳诺斯、庞德、翁加雷蒂、贡布罗维奇等人的专刊。

[2]出自斯蒂芬·马拉美（1842—1898）的十四行诗《她纯粹的指甲》，字面意思是“会发声的无用小玩意儿不剩全毁”。这句诗被认为是在谈论全然无用的文字游戏，因为——用牛津大学法国文学教授马尔科姆·鲍耶（Malcolm Bowie）的话说——它有一种“意义缺席的回响”。

[3]“永恒终于将他变为祂自己的样子”。诗句出自马拉美诗歌《爱伦·坡之墓》（1887）中的《致敬V》（*Homenaje V*）。

[4]这节诗的前两行出自《街道》，收录在出版于1923年的《布宜诺斯艾利斯的热情》中。

[5]此处引用的文字是《布宜诺斯艾利斯神秘的建立》的一部分，该诗收录于《圣马丁札记》（1929）中。

[6]恩里克·拉雷塔（原名恩里克·罗德里格兹·拉雷塔，1875—1961）的小说。为了试图重建腓力二世时期的西班牙，这位阿根廷作家采用了古体写作。

[7] 高乔文学经典。D. F. 萨米恩托的《法昆多》，由M. 巴泰隆（M. Bataillon）自西班牙语译成法语，Ed.De la Table Ronde 出版：Coll.De l'Herne，1964（劳拉·巴泰隆注）。

[8] 维多利亚的引用，是对《赠礼之诗》中的诗句片段且不连续的转写。原诗收录在《创造者》(1960）中。

[9] 这里维多利亚指的是，当纪德被问起谁是最重要的法国诗人时，他回道："维克多·雨果，不幸的是！"（法语为："Victor Hugo, hélas!"）纪德有一本小册子正以"雨果，不幸的是！"为题，由克劳德·马丁（Claude Martín）撰写前言：Fata Morgana, Fontfroide, 2002, p.32。

[10] 这一段落（有几处微小的改动）是《博尔赫斯与我》的最后一段，收录于《创造者》中。

维多利亚·奥坎波

豪尔赫·路易斯·博尔赫斯

两千五百多年前，斯多葛主义者创造了一个至今令人惊叹、宏大而慷慨的新词语，“世界主义者”。让我们思考这个词语的意义，让我们想想那些以出生地来定义自己的古希腊人——埃利亚的芝诺[①]，米利都的泰勒斯[②]，还有罗德岛的阿波罗尼奥斯[③]。让我们再想想那些斯多葛主义者是多么奇特，他们希望改变这种惯例，不再采用我们沿用至今的吝啬说法——以某个国家的公民自居，而是将自己视为世界公民，地球的、宇宙的公民，如果这个宇宙是一个有序的系统，而非一片混沌，就像通常状况下它看起来的样子。我还记得，伟大的美国作家赫尔曼·麦尔维尔[④]在《白鲸》中写道，一个人应该是只对上天忠诚的人；也就是说，他应当忠于天国。我相信这种成为世界公民的宏愿是好的：不做世界一小部分的公民，随政治协定、战争或是其他事情而改变，而是将全世界视为我们的祖国。这个对“世界主义者”一词的慷慨解释，正是维多利亚·奥坎波式的。如今，在使用“世界主义者”一词时，我们会联想到游客，以及国际化之类的模糊概念。但我相信，这个词语的真正意义是：我们是世界公民，或者应当

---

①埃利亚的芝诺（Zeno of Elea，约前490—前425），古希腊数学、哲学家，以芝诺悖论著称。——编注

②米利都的泰勒斯（Thales of Miletus，前624—前547或546），古希腊时期的思想家、科学家、哲学家，出生于爱奥尼亚的米利都城，创建了古希腊最早的哲学学派——米利都学派（也称爱奥尼亚学派）。——编注

③罗德岛的阿波罗尼奥斯（Apollonius of Rhodes，公元前3世纪），古希腊叙事诗人。——编注

④赫尔曼·麦尔维尔（Herman Melville，1819—1891），19世纪美国最伟大的小说家、散文家和诗人之一。——编注

努力成为这样的人。在这个词语中，以某种方式用密码写着维多利亚·奥坎波的命运。成为世界主义者，不意味着对某个国家无动于衷，而对另外一些国家关心备至，不是这样。它意味着关心所有国家、所有时代的宏愿，对永恒的渴望，对可以成为千千万万人的想望，正是这样的想望，将人引向灵魂轮回的理论。

维多利亚感受到了这一切，我们可以说，她感受到这一切的方式堪称楷模。她无疑是一个好阿根廷人：在独裁时期遭受牢狱之苦，此后，她生命中最后的活动之一——当时参与的其实只有我们极少数人，是在反对政府策划发动某场荒谬战争的抗议书上签字。也就是说，她既感受到了祖国，也感受到了其他的祖国，主要是欧洲。虽然我憎恨民族主义，将之视为这个时代之恶，但我想我可以肯定，无论是北美人还是南美人，我们感受欧洲的方式，是出生在这里的人难以感受到的。在这里，一个人更倾向于先认为自己是法国人、英国人、德国人，之后才自认为是欧洲人。与之相反，由于过着充满乡愁的生活，我们能够感受到欧洲，超越民族、超越血缘的冒险，这些都不重要。我们能够思考西方文化，不过，“西方文化”这个词本身是虚假的，因为西方文化可以被定义为希腊与以色列的对话；或者如果你们愿意，我们可以想想柏拉图，也可以想想《圣经》，想想由中世纪完成的这两种史料之间的和解。而且，什么是国家？汤因比[1]曾指出，如果

①即阿诺德·约瑟夫·汤因比（Arnold Joseph Toynbee，1889—1975），英国著名历史学家，曾被誉为“近世以来最伟大的历史学家”。——编注

缺乏背景知识，英格兰的历史将是无法理解的。我记得丁尼生[①]——切斯特顿将他誉为“外省的维吉尔”的一句诗，“撒克逊人，凯尔特人，丹麦人，都是我们”，也就是说，所有英国人都可以说自己是撒克逊人，是凯尔特人，也是斯堪的纳维亚人。而我们，在我们的身体中融合了多少种血液？在我身上——据我所知——有葡萄牙血统、西班牙血统、英国血统，还有非常遥远、不确定的诺曼底血统以及毫无疑问的犹太血统。但什么是西班牙人呢？我们可以简单地想一想西班牙的事实，想想凯

①丁尼生（Alfred Tennyson，1809—1892），英国诗人。——编注

尔特人，想想腓尼基人，想想古罗马人，想想哥特人，想想日耳曼人的部族汪达尔人，想想在西班牙生活了八个世纪之久的阿拉伯人，想想无疑曾到过那里并留下了显赫声名的犹太人，再想想成为西班牙人本身已经成为一个多元的人。我相信这是一种财富，我相信种族纯洁其实是一个伪概念。比我们身体的血统更重要的，是灵魂的血统。

而如果没有希腊，我们将会是什么？因为如果没有荷马，维吉尔将是难以想象的；如果没有其他希腊人，毫无疑问荷马也是难以想象的，如果真的曾经有一个叫荷马的人的话。也就是说，全世界都快乐地联系在一起，这样就回到了另一个斯多葛派的概念：这个观念为迷信辩护，认为全世界是同一个有机体。德·昆西[①]曾说，较小的事物是较大事物的秘密镜子，而迷信就这样被证明。一切都联系在一起，数字“13”能够预示死亡，因为所有人都从属于同一种文字。在此我想到了卡莱尔[②]。卡莱尔曾说，历史是一个我们应当持续阅读的文本，一个我们应当持续书写的文本。而令人不寒而栗之处正在这里，在于我们也被书写，也就是说，我们都是那神圣拼写的符号。这是莱昂·布洛伊[③]的观点，也是卡巴拉学者的观点。

---

①即托马斯·德·昆西（Thomas De Quincey，1785—1859），英国著名散文家和批评家。——编注

②即托马斯·卡莱尔（Thomas Carlyle，1795—1881），英国历史学家和散文作家。——编注

③莱昂·布洛伊（Léon Bloy，1846—1917），法国作家。——编注

就这样，维多利亚感受到了欧洲的吸引，随后也将感受到东方的吸引。我们不知道东方是否存在，不知道“东方”一词对一个日本人、一个印度人来说，是否具有某种意义。可能没有，可能他们会感受到彼此之间的差异，就像在欧洲，不同的国家会感受到彼此之间的差异一样。我相信，我会倾向于我们应当试图缓和我们之间的差异，而努力感受我们之间的相似性，但这是一个错误。我相信更准确的做法是像维多利亚·奥坎波所做的那样，感受到世界是一场盛宴，这场盛宴为她提供了非常多的味道，而她既想品尝这所有的滋味，也想让他人品尝到它们。乌斯拉尔–彼特里[①]会想起阿尔图罗·卡普德维拉[②]。卡普德维拉有一本叫作《世界的盛宴》的书。他说既然世界是由许多事物构成的，可以将它比作其中的任何一件事物，但最美的是将它比作一场盛宴，一场有着截然不同滋味的盛宴。而我知道，因为我与维多利亚·奥坎波打了半个世纪的交道，虽然我们从来不是密友，但我知道维多利亚·奥坎波感受到了欧洲的不同文化。她也感受到了，通过泰戈尔，通过哲学，通过吉卜林，感受到了印度，也就是说感受到了东方。

维多利亚·奥坎波的人生是一个典范，一个热情好客的典范。这种热情好客，让她接受了那么多种文化，那么多个国家，通过她那写满不同语言诗句的记忆。我们并非总是意见一致。对我来说，她触犯了在雨果面前更偏爱波德莱尔[③]的异端邪说；而对她来说，我则触犯了在波德莱尔面前更偏爱雨果的异端邪说。但我们的争论是令人愉快的。我不记得她犯过哪个常见的错误。我经常犯的那个错误，在仰慕一个人的同时反对另一个人。可她不会，她有着根本性的慷慨。如果她欣赏一位作家，不会以反对其他作家的形式欣赏他。她欣赏波德莱尔，不是反对雨果，或者反对瓦莱里，并非如此，她比我要有智慧得多。我常常倾向于狂热，而她没有这种倾向。

---

①乌斯拉尔–彼特里（Uslar-Pietri，1906—2001），委内瑞拉当代小说家。——编注

②阿尔图罗·卡普德维拉（Arturo Capdevila，1889—1967），阿根廷诗人、剧作家、散文作家。——译注

③即夏尔·皮埃尔·波德莱尔（Charles Pierre Baudelaire，1821—1867），法国 19 世纪最著名的现代派诗人，象征派诗歌先驱，代表作有《恶之花》。——编注

对维多利亚·奥坎波的回忆将永远伴随着我。那时我不是任何人，只是布宜诺斯艾利斯一个寂寂无名的青年。维多利亚·奥坎波创办了《南方》并打电话给我，令我万分惊讶的是，她邀请我做杂志的联合创始人之一。而那时我并不存在，人们不会将我视为豪尔赫·路易斯·博尔赫斯，而是将我视为莱奥诺尔·阿塞维多的儿子，博尔赫斯博士的儿子，上校的孙子，等等。但她看到了我，在我几乎不是任何人的时候，在我开始成为今天的我的时候便认出了我，如果今天的我仍然是某个人的话——因为有时我对此存有疑问，有时我认为我是你们的一个迷信，你们创造了我，特别是法国创造了我。而那时，我就像是威尔斯《隐形人》的布宜诺斯艾利斯版本，之后我接受了那个国际奖项。嗯，罗杰·凯卢瓦在那里为我投了票。从那时起，开始有人在布宜诺斯艾利斯跟我见面，人们意识到我在那里，而这一切我都亏欠于维多利亚·奥坎波。在独裁——它的名字我不想提了——的黑暗岁月过去之后，我被任命为国家图书馆馆长，而我将这归功于艾斯特·森波兰恩·德·托雷斯和维多利亚·奥坎波的主动提议。她们想到，我能够坐上格鲁萨克和马尔莫尔[①]的交椅。而我觉得这是不可能的。我对她们说："贪多嚼不烂，我更愿意管理洛马斯德萨莫拉的图书馆。"那是布宜诺斯艾利斯南边的一个镇子。维多利亚对我说："您别傻了。"事实上，我继承了格鲁萨克的交椅。我领导了那座图书馆，并发现在我身上，一件我现在想要提起的事即将变成现实。现实是这样的：格鲁萨克失明了，

①何塞·马尔莫尔（José Mármol，1817—1871），阿根廷诗人、小说家。——编注

并领导了图书馆；而我被赋予了国家图书馆九十万册藏书（现在应该比以前少了，毫无疑问很多书被偷走了，就算现在有八十万册吧）一段时间后，发现自己失明了，几乎无法分辨封面和书脊的区别。于是我写了一首诗，而既已写下这首关于上帝的诗——祂以绝妙的讽刺同时给了我书籍和黑夜，我发现那个王朝是三重的，因为何塞·马尔莫尔，被遗忘的阿根廷小说家，也是一个盲人——他为所有阿根廷人，也许还有全美洲留下的关于罗哈斯时代的影像，我不知道是否是最真实的，但确实是最鲜活的。因此这看起来有些神秘，看起来成为国家图书馆的馆长十分危险，要冒着失明的厄运。但我已经是第三任了，也许也是最后一个盲人。数字“3”是有其意义的。

如果让我讲一个关于维多利亚的回忆，很有意思，我记得我们从来无法达成一致，又一直很爱对方，而还是无法统一意见，但这是一个令人愉快的特点，能够与一个人互不同意这一事实意味着很多。既然我现在在法国，我也想记起一个我将永远记得的人，皮埃尔·德里厄·拉罗谢勒。我认识他，是维多利亚邀请了他，这是维多利亚给我们国家的赠礼之一。我记得我们去布宜诺斯艾利斯市郊散步，不知道是在恰卡利塔一带，还是阿尔斯那桥，或是巴拉卡斯，我记不清具体是在哪里，但是忽然我们感到了平原就在附近，忽然感到了平原的重力。我们离开住宅区，进入田野，然后德里厄说出了一个东西，在任何书中都没有收录过，但却是平原的定义——所有的阿根廷作家都曾寻找过它，但谁也未能命中。

必须要等那个诺曼底人来到这里，然后告诉我们这个词语。他说：“地平线的眩晕。”这是一个绝妙的表达，一个壮美的比喻。

话说，维多利亚对法国文学很感兴趣，而且她的兴趣不只在于伟大的作者，也在于中等的作家。例如当我提到纪德时，维多利亚确实熟悉他。当我提到夏洛克·福尔摩斯爵士和他的朋友华生医生，她无疑也熟悉他们。她也常读勒鲁，而我觉得熟悉这些不那么重要的作家，熟悉不同语言的俚语，熟悉那些语言中家常的玩笑，这才是与一个国家真正的亲近。而现在，我想说的只是，向维多利亚致敬很重要；但更重要的是，要配得上维多利亚·奥坎波留下的珍贵遗赠。我们应当继续她的事业，我们不应只关心一个国家，一段唯一的历史进程，而是应该开始人类那不可能又慷慨的冒险——我们应当关心整个宇宙。

对话

维多利亚·奥坎波

简·阿尔奈特·德·哈斯拉姆（1819—1853），出生、逝世于英国斯坦福德郡。乔治·阿尔奈特与玛丽·科克之女，与爱德华·扬·哈斯拉姆（1813—1878）结婚。哈斯拉姆是海德堡大学哲学博士，《古希腊人的戏剧艺术》等书的作者。两人是卡洛琳娜、弗兰西斯、爱德华和阿格尼斯的父母，博尔赫斯的曾外祖父母。

卡洛琳娜·哈斯拉姆·德·苏亚雷斯（1838—1870？），简·阿尔奈特、爱德华·扬·哈斯拉姆之女，凡妮·哈斯拉姆·德·博尔赫斯的姐姐。1860年与豪尔赫·格拉西亚迪奥·苏亚雷斯·米兰多拉在英国结婚。豪尔赫·路易斯·博尔赫斯的姨祖母。

奥坎波：在和我聊这张您先人的照片之前，博尔赫斯，请告诉我，您童年最初的记忆是什么？

博尔赫斯：我无法确切地说出我最初的记忆。我不知道它停在河流的这一边还是那一边；我究竟是来自布宜诺斯艾利斯的巴勒莫街区，还是蒙得维的亚的帕索德莫里诺街区。我隐约看见一个石匠和一道彩虹。

奥坎波：我们来聊聊您的家庭，您曾在诗作中提到过它。您给我看的相册的前几页，有三张女性的照片。谁是简·阿尔奈特·德·哈斯拉姆——戴着玳瑁头饰，穿着舞会礼服？

博尔赫斯：这个小女孩是我的曾外祖母。她出生于斯坦福德郡。我在她的脸部线条中认出了我妹妹诺拉的样子。她的家人是贵格会教徒。

奥坎波：这位映在镜中——那些镜子令您不平静，也出现在您的诗中——的卡洛琳娜·哈斯拉姆·德·苏亚雷斯是谁？

博尔赫斯：我的姨祖母，我父亲那边的亲戚。她失去财产后，以教英语为业。她以前非常美。玛利亚·阿耶尔萨[1] 是她的学生之一，她一直记得苏亚雷斯老师。她是一个令我印象深刻的人，说不清为什么。

奥坎波：我不需要问您凡妮·哈斯拉姆·德·博尔赫斯是不是您的英国祖母。她是何种程度上的英格兰人？

博尔赫斯：她是虔诚的英格兰人。受沃尔特·斯科特[①]爵士作品的影响，小时候我曾问过她是否有苏格兰血统。她回答我说："感谢上帝（Thank goodness!），我连一滴苏格兰、爱尔兰或是威尔士血液也没有。"在她弥留之际，大家围在她身边，她对我们说："我是一个正在非常、非常缓慢地死去的老妇人。没有任何有趣或可悲的事发生在我身上。"她还为在死去这件事上耽搁了时间而向我们道歉。她经常阅读、重读狄更斯，但也读威尔斯和阿诺德·贝内特[②]。在诺拉的审慎和彬彬有礼中，仍然保留着弗兰西斯·哈斯拉姆的影响。

弗兰西斯（"凡妮"）·哈斯拉姆·德·博尔赫斯（1842—1935），生于英国斯坦福德郡的汉雷，简·阿尔奈特、爱德华·扬·哈斯拉姆之女，卡洛琳娜·哈斯拉姆的妹妹。与弗朗西斯科·伊西德罗·博尔赫斯·拉菲努尔上校在巴拉那结婚。博尔赫斯的祖母。

①沃尔特·斯科特（Walter Scott，1771—1832），英国诗人和小说家，生在苏格兰首府爱丁堡一个没落的贵族家庭。——编注

②阿诺德·贝内特（Arnold Bennett，1867—1931），英国小说家、剧作家和批评家。——编注

奥坎波：在她身边我们看到弗朗西斯科·博尔赫斯·拉菲努尔上校，她的丈夫。对于这位军官，您知道什么？他与胡安·克里索斯托莫·拉菲努尔有什么血缘关系？

博尔赫斯：他是胡安·克里索斯托莫的姊妹卡门·拉菲努尔的儿子，胡安·克里索斯托莫也许是我们家族的第一位浪漫主义诗人。我的祖父出生于被围攻的蒙得维的亚，用东部人的话说，那是"大战"（Guerra Grande）期间。十五岁那年，他在同一个地方打仗，反对白人的仗；之后，在卡塞罗斯，听命于乌尔基萨[1]；再之后，又去了巴拉圭的恩特雷里奥斯，在南方与西部的国境线上。那时米特雷[2]正在策划一场革命；萨米恩托[3]，当时的阿根廷总统，问我祖父是否可以依靠他在胡宁的军队。博尔赫斯回答他说："只要您还在这个政府，就可以依靠他们。"革命提前爆发了。博尔赫斯，作为米特雷的支持者，交出了他的军队指挥权，只身出现在革命军位于杜域的营地里。在这种忠诚中看到不忠的人不在少数。拉维尔德战役打响，那是1874年，米特雷军队败北。战事失败后，身着白色庞乔斗篷的博尔赫斯骑上一匹灰马，身后跟着十二到十五个士兵，双臂交叉在胸前，朝着战壕的方向缓缓前行。他主动让自己被杀死了。

---

①乌尔基萨（Justo José de Urquiza，1801—1870），阿根廷军人和政治家，阿根廷邦联第三任总统（1854—1860）。——编注

②即巴托洛梅·米特雷（Bartolomé Mitre，1821—1906），阿根廷第六任总统（1862—1868），军人、史学家。——编注

③萨米恩托（Domingo Faustino Sarmiento，1811—1888），阿根廷政治家、教育家，总统（1868—1874）。——编注

凡妮·哈斯拉姆·德·博尔赫斯与她的丈夫弗朗西斯科·博尔赫斯·拉菲努尔上校育有两子，弗朗西斯科·爱德华多·博尔赫斯（1872—1940）和豪尔赫·吉耶尔莫·博尔赫斯（1874—1938），分别为豪尔赫·路易斯·博尔赫斯的伯父和父亲。

弗朗西斯科·博尔赫斯·拉菲努尔（1835—1874），凡妮·哈斯拉姆的丈夫。生于蒙得维的亚，曾在巴拉圭战争中作战，于拉维尔德战役中阵亡。该战役是由何塞·伊诺森西奥·阿里亚斯上校率领的国民军与巴托洛梅·米特雷统帅的革命军反抗阿根廷总统阿韦利亚内达[1]的武装斗争。博尔赫斯加入了米特雷的军队，尽管他是阿里亚斯的朋友。

①阿韦利亚内达（Nicolás Remigio Aurelio Avellaneda Silva，1837—1885），阿根廷政治家和记者，阿根廷总统（1874—1880）。——编注

奥坎波：那是共和国历史上第一次使用雷明顿步枪。

博尔赫斯：阿里亚斯负责政府的武器。在巴拉圭和边境上，他曾是博尔赫斯的战友。战役打响之前，两个朋友在两军之间的无主之地[2] 相见。他们在马背上最后一次拥抱彼此。最终阿里亚斯走向了胜利，而博尔赫斯，则走向了死亡。

奥坎波：请您告诉我，博尔赫斯，谁是莱昂诺尔·苏亚雷斯·阿埃多和伊西多罗·阿塞维多·拉普利达？

博尔赫斯：维多利亚，您提到了我外祖父母的名字。莱昂诺尔·苏亚雷斯是伊西多罗·苏亚雷斯上校的女儿。苏亚雷斯上校二十四岁便指挥哥伦比亚和秘鲁骑兵团，取得了胡宁之战的决定性胜利。他是罗萨斯的表亲，却令人尊敬地主张统一，宁愿死在蒙得维的亚的放逐之地。我的外祖父阿塞维多[3] 是圣尼古拉斯人。他常常说："我出生在阿罗约德尔梅迪奥河（Arroyo del Medio）好的那一边。"他曾在帕翁、塞贝达①、阿尔斯那桥（Puente Alsina）战斗过，当时的平民，比今天的军人作战经验更丰富。

九岁或是十岁时，他经过普拉塔市场对面。那是罗萨斯执政时期。两个身着奇里帕②的车夫叫卖着白桃和黄桃。他掀开盖在桃子上的帆布：那是两个统一派的头颅，胡须血迹斑斑，双目圆睁。他逃回家，爬上庭院最深处的一棵葡萄藤，

①塞贝达，阿罗约德尔梅迪奥河支流，将布宜诺斯艾利斯和圣达菲分割开来。——译注

②奇里帕，一种系在腰间的兜裤，为19世纪中叶高乔人的传统服饰。——译注

莱昂诺尔·苏亚雷斯·阿埃多（1837—1918）和伊西多罗·阿塞维多·拉普利达（1828—1905），于1862年5月结婚，是莱奥诺尔·丽塔·阿塞维多·德·博尔赫斯的父母。

只有在那天夜里，他能够讲述当天早上看到的一切。后来他在内战中见识了很多事情，但再没有一件事能给他留下如此之深的印象。

奥坎波：我看到您的家族中曾经有过很多战士，博尔赫斯。您觉得这一点是否以其他形式出现在了您的文学以及生活中？

博尔赫斯：在我的生活中，我不知道。在我的文学中是这样。我从未停止感觉对这种史诗般命运的乡愁——神灵拒绝给我这样的命运，毫无疑问是明智的。

奥坎波：您认为一个战士身上最令人钦佩的是什么，或者说您最钦佩的是哪一类英雄？比如在一个像圣马丁这样的人身上，您最钦佩的是什么？他的胆量还是他的无私，他的策略还是他的慷慨？

《圣马丁》，莱奥诺尔·凡妮（“诺拉”）·博尔赫斯（1901—1998）的速写。诺拉曾在日内瓦美术学校学习，其后赴马德里学画，师从胡里奥·罗梅罗·德·托雷斯。她曾在欧洲和阿根廷举办展览，为大量书籍绘制过插图；除了兄长博尔赫斯，还曾与胡安·拉蒙·希梅内斯、西尔维娜·奥坎波、阿道尔夫·比奥伊·卡萨雷斯等作家合作，亦撰写艺术评论。

博尔赫斯：圣马丁的塑像，圣马丁塑像上的浮雕，纪念日，供奉给他的鲜花，还有——为什么不能说呢？——其称颂者的风格，使我有些远离了这位伟人。萨米恩托将圣马丁视为一位欧洲军人，迷失在了他毫无疑问热爱但最终也未能理解的大陆上的战争中。

在士兵身上，我所钦佩的是这样的概念：一个人舍弃，或是试图舍弃他的个人命运。

奥坎波：秉承您的姓氏，您也像桑迪亚那侯爵一样，认为“笔不会使长矛上的铁变钝”吗？

博尔赫斯：诗歌诞生于史诗，它最初的主题就是战争。

奥坎波：让我们看看伊西多罗和温塞斯劳·阿塞维多·拉普利达这张浪漫的银版像。看起来像两位决斗的绅士——您亲口和我说过，而且他们与多年以后出现在博尔赫斯故事中的码头工人和自负的港口居民没有任何相似之处。码头工人和港口居民的形象，有哪些吸引人之处？

博尔赫斯：吸引我的是埃瓦里斯托·卡列戈所说的“对勇气的崇拜”。我想到那些贫穷的工人，为了证明自己，发明了我有时所说的“刀与勇气教派”。无私的勇气，不言而喻。

奥坎波：我也很难想象伊西多罗和温塞斯劳跳顿挫[①]的探戈。您最喜欢的是探戈的哪方面？音乐、歌词、舞蹈，还是它的整体？

博尔赫斯：我最喜欢的是音乐。比起探戈我更喜欢米隆

---

①顿挫（Cortes），意为“切”，是一种诞生于19世纪中期的探戈舞步，指的是探戈中忽然停下、保持舞姿的经典瞬间。——译注

伊西多罗和温塞斯劳·阿塞维多·拉普利达（1827年生）是犹达·达徒·德·阿塞维多·马丁内兹（1786—1852）和埃尔梅内希尔达·拉普利达·奥利维拉（1785—1848）之子。温塞斯劳与塞维拉·彭塞·德·莱昂结婚后，育有四子一女。伊西多罗与莱昂诺尔·苏亚雷斯·阿埃多结婚，是博尔赫斯之母莱奥诺尔·阿塞维多·德·博尔赫斯的父亲。阿塞维多和拉普利达夫妇共育有三子三女。

加①，比起探戈-歌曲我更喜欢探戈-米隆加，我觉得它更为易碎。

奥坎波：在这本家庭相册里我看到一个婴儿；在另一张照片中，有一个靠在椅背上的男孩——我相信那应该是您的母

①米隆加（Milonga），指阿根廷、巴西、乌拉圭一带一种风格近似于探戈的舞曲。——译注

“在这本家庭相册里我看到一个婴儿……”

“……一个靠在椅背上的男孩……”

“……她的头上梳了很多发髻……”

“……在景片做的海里划着桨……”

亲和父亲。之后我又看到了他们长大了一点的照片：她的头上梳了很多发髻，靠在那个时代照片中经常出现的阳台栏杆上；他站在照相馆的景片船上，在景片做的海里划着桨。您能想象孩提时代的他们吗？

博尔赫斯：不，我很难在阳台栏杆旁和景片航行中认出他们；而且，那些场景仅仅与他们被拍下的瞬间有一致性。

奥坎波：请看看这位身着黑色衣裙、戴着白手套的美丽女

莱奥诺尔·丽塔·阿塞维多·德·博尔赫斯（布宜诺斯艾利斯，1876—1975），伊西多罗·阿塞维多·拉普利达和莱昂诺尔·苏亚雷斯·阿埃多之女，豪尔赫·吉耶尔莫·博尔赫斯·哈斯拉姆之妻，豪尔赫·路易斯·博尔赫斯的母亲。

性：您的母亲。这张照片是在您出生之前还是之后拍的？您记得正值青春年华的母亲吗？

博尔赫斯：是的，我记得这样的她。那时她的女性密友们常常对我说："可怜的小莱奥诺尔，她并不亏欠美什么。"我觉得她们在说谎。

豪尔赫·吉耶尔莫·博尔赫斯·哈斯拉姆，作家的父亲。

莱奥诺尔·阿塞维多·德·博尔赫斯，作家的母亲。

奥坎波：这是您的父亲和母亲。您认为自己从这对幸福的年轻夫妇身上继承了哪些外貌上的特征？

博尔赫斯：真希望我继承了哪怕一个也好。

奥坎波：您害怕自己会令他们感到痛苦吗？

博尔赫斯：我希望没有太让他们失望，但像不少儿女一样，我有很多内疚。特别是，对于在我生命中的很多年都非常不幸——这让他们痛苦——而感到内疚。

奥坎波：在这张照片中，手拿书本坐着的年纪，您会玩些什么游戏？这是本什么书？

童年博尔赫斯
（“这是本什么书？”）

博尔赫斯：关于这本书，它是摄影师放在我手上的。至于游戏，我妹妹诺拉是领头人。她命令我爬上我们帕勒莫街花园里令人眩晕的磨坊，在又高又窄的墙头上走路。我在她后面跟着，因为没有勇气告诉她我吓坏了。

奥坎波：所以诺拉对您来说是一个玩伴，一个淘气的伙伴，而且就像您说的，是个领头人？

博尔赫斯：是的。现在她几乎是另一个人了。然而，她的坚定，还和那时一样，像您一样，维多利亚，她在狱中[4]也展现出了这种品质。现在认识诺拉的人不会相信，她以前非常喜欢英国人说的“practical jokes”[5]。她放弃了恶作剧和顽皮，以进入天使们组成的温和教派。

奥坎波：而您，那时有野心吗？在您的青少年时期，您作为作家、诗人的天赋已经全然觉醒了吗？

博尔赫斯：是的，我一直以来都知道，自己将以某种方式成为作家。至于我的野心，不知道我是否曾对您说过，维多利亚，我小的时候，人们常常谈到“ratés”——用的不是西班牙语的“fracasados”（失败者），而是法语的“ratés”。我听着人们谈论那些“ratés”，不安地自问：“将来我会不会变成一个‘raté’？”这是我那时最大的野心。

奥坎波：那么您像一个“raté”一样失败了。您少年时代最大的愿望是什么？被爱还是成名？

博尔赫斯：我从未想过成名，也不知道是否想过被爱。我曾经以为被爱会成为一种不公：我不认为自己值得任何特别的爱，我还记得过生日让我感到羞耻，因为所有人都给我塞礼物，而我觉得自己并没有做任何值得收礼物的事，像是某种骗子。

奥坎波：您为何会感受到写作的需要？那些年间，文学最吸引您的地方是什么？

博尔赫斯：第一个问题很难回答，或者说不可能有答案。至于第二个问题，接连吸引我的有希腊神话，斯堪的纳维亚神话，《呼罗珊的蒙面先知》[①]，《铁面人》，爱德华多·古铁

①《呼罗珊的蒙面先知》，爱尔兰诗人托马斯·莫尔的剧作，以8世纪波斯传奇人物哈希姆·伊本·哈金的故事为蓝本。——译注

雷斯[①]的小说，《法昆多》[②]，威尔斯绝妙的噩梦，以及爱德华·威廉·雷恩[③]。我不想为这些心爱的书排名次。那个年代的两段友谊与我相伴至今：哈克贝利·费恩和堂吉诃德。

奥坎波：您是像圣-埃克苏佩里[④]所说的，来自“du pays de votre enfance”（您童年的国度）吗？您是否觉得童年给您留下了深刻的烙印，就像我们所有人或多或少都会感到的那样，只是有些人会比另一些人更清晰地意识到这一点？

博尔赫斯：在内心深处我和那时是同一个人。我几乎没有学会什么新的技艺。

奥坎波：现在我们要进入您所说的“童年最重要的家”了。您说的是哪一个？

博尔赫斯：依照时间顺序，第一个是图库曼街[6]低矮古老的房子，在苏伊帕恰街和埃斯梅拉达街之间。像所有房子一样，有两扇带铁栅的窗、玄关、后院门和两个庭院。在第一个铺着黑白两色大理石的庭院中有一个蓄水池，水池底部有只乌龟，是净水用的。在蒙得维的亚，他们告诉我，用于滤水的是一只癞蛤蟆。人们没有想过，乌龟除了有净水的功能，也会污染水。

---

①爱德华多·古铁雷斯（Eduardo Gutiérrez，1851—1889），阿根廷小说家。——编注

②《法昆多》，副标题为“文明与野蛮”，借历史人物胡安·法昆多·吉罗家的一生，抨击当时总统罗萨斯的独裁统治。此书被认为是阿根廷文学的奠基石。——译注

③爱德华·威廉·雷恩（Edward William Lane，1801—1876），英国东方学家、翻译家。——译注

④圣-埃克苏佩里（Saint-Exupéry，1900—1944），法国作家。——编注

我记得更清楚的是塞拉诺街的房子，在巴勒莫区。那是那条街仅有的几座较高的建筑之一。其余的建筑——如果能够叫作建筑的话——都是低矮的房屋，建在荒芜的土地上。

巴拉纳的家

安丘雷纳街 1626 号（1930—1934）。有研究者认为，维多利亚与博尔赫斯对话录第一版中提到的这一地址是错误的，因为博尔赫斯从未在此居住过。从 1938 年父亲去世直到 1944 年，博尔赫斯确实住在安丘雷纳街，但地址是 1672 号。图中这座美丽的房子是安丘雷纳街 1660 号。如今，玛丽亚·儿玉创建于 1988 年的豪尔赫·路易斯·博尔赫斯国际基金会坐落于此。

奥坎波：巴拉纳的房子——您父亲出生在那儿——您是在梦里还是现实中见到的？

博尔赫斯：在梦里也在现实中。但因为我在照片中看到过许多次，我相信我脑中的影像是照片上的，而不是去恩德雷里奥斯时见到的那栋房子的样子。就像我的很多朋友，想到我对圭拉尔德斯的记忆究竟是真正的对圭拉尔德斯的记忆，还是已经被对他照片的记忆替换了，这让我感到难过。照片更容易固定在记忆中，因为它是静止不动的；与此相反，当我们看到一个人，这个人一直在变化中。

奥坎波：关于我们在这张照片上看到的安丘雷纳街 1626 号的花园，您还记得哪些色彩、哪些声响、哪些声音？您的妹妹诺拉是用色彩和形式思考的。她还非常年轻的时候，有一次曾问我："您更喜欢什么，一朵玫瑰还是一个柠檬？"在这方面她和您相像吗？

博尔赫斯：不，完全不像。我无法像泰奥菲尔·戈蒂耶①一样说，"je suis quelqu'un pour qui le monde visible existe"[7]。我以一种更抽象或者说更情感化的方式思考，而不是像我妹妹一样，用形式或色彩思考。我不太清楚与我打交道的人是金发还是深色头发；逐步成为定局的失明与我所在的这个抽象世界协作，这也是事实。

---

①泰奥菲尔·戈蒂耶（Théophile Gautier，1811—1872），法国唯美主义诗人、散文家和小说家。——编注

奥坎波：哪些人会走上安丘雷纳街的楼梯？您还记得吗？

博尔赫斯：是的，我记得我们的威廉·布莱克[①]（苏尔·索拉尔[②]），记得马塞多尼奥·费尔南德兹——人生中令我印象最深刻的人物之一，与其说是因为他写下的作品（现在令我觉得有点杂乱、晦涩）不如说是因为与他的对话。马塞多尼奥·费尔南德兹是我此生结识的最好的对话者，而且也是——这看起来无法同时成立——最简洁的一位。你可以和他聊上两三个小时。马塞多尼奥会低声说上三四个他的观察，出于谦逊，总是用疑问语气。而马塞多尼奥·费尔南德兹这三四个羞怯的问题，其后会在回忆中闪闪发光，长久地留存在我们的记忆中。我也记得阿尔瓦罗·梅里安·拉菲努尔，我的表兄。当然，记忆中还有我的父母。我想对于那个时期，我没有其他清晰的回忆了。

奥坎波：当您还是日内瓦学校——在诺拉的画中有着红色的屋顶——的学生时，您已经充满热情地回忆您的布宜诺斯艾利斯了吗？

博尔赫斯：是的，我总是想起布宜诺斯艾利斯。在家中，我们有一些阿根廷书：《法昆多》，三卷本的阿斯卡苏比[③]全集，《马丁·菲耶罗》，爱德华多·古铁雷斯的《军中剪影》和《胡安·莫雷拉》。小说中提到了我的祖父博尔赫斯，这令我引以为傲，虽然我自然更愿意成为莫雷拉而非博尔赫斯的孙子。

---

①威廉·布莱克（William Blake，1757—1827），英国浪漫主义诗人、版画家。——编注

②苏尔·索拉尔（Xul Solar，1887—1963），阿根廷画家、雕刻家、作家。——编注

③阿斯卡苏比（Hilario Ascasubi，1807—1875），阿根廷诗人。——编注

诺拉·博尔赫斯的画作《日内瓦学校》。画中的加尔文学校（日内瓦加尔文中学）创办于1559年，位于这座瑞士城市的老城区里弗街区，是在一所圣方济各会学校的废墟上建立的，其诞生源于1536年开始的由新教改革推动的教育自由。加尔文学校是世界上最早的免费公立义务教育机构之一，至今仍在运行。自1969年起被冠以加尔文之名。

此外，埃瓦里斯托·卡列戈的《异教弥撒》是献给我父亲的。我也不能忘记卢贡内斯的《伤感的月历》和《黄金山》。我不断阅读和重读这些书籍，因为我感到它们将我与祖国紧密地联系在一起。但您不要因为我的乡愁，就推测我没有因日内瓦这座城市而感受到并持续感受着一种深切的爱。

奥坎波：这张您和您的父母住在金塔纳大道时的照片，照片上您的父亲和母亲望着您，也在您身上看到他们自己。我想象，您也在望着他们。您的哪些友谊是同一时期的？

博尔赫斯：您第一次莅临我家，维多利亚，就是在这栋如今已经消失的房子里，在金塔纳大道和蒙得维的亚街之间。也是在这栋房子里，里卡尔多·圭拉尔德斯把他的吉他留给了我们，在他倒数第二次与阿德丽娜去巴黎旅行之前。

“照片上您的父亲和母亲望着您，也在您身上看到他们自己……”

“想起阿德罗奎，我想的不是当下因为发展而衰落的阿德罗奎……”1873年，意大利建筑师尼古拉斯·卡纳勒和何塞·卡纳勒设计了这座城市，遵循了迥异于其前惯常采用的城市规划准则：他们在城市中设计了对角线、栽有行道树的宽阔大街、对称的广场，建起了意大利风格的公共建筑。阿德罗奎也因此明显区别于由低矮房屋和西班牙传统棋盘式街道组成的常见建筑。

奥坎波：我猜测，阿德罗奎之于您，就如同圣伊西德罗之于我，是这样吧？您能为我描述一下这个多年来的消夏之处吗？

博尔赫斯：想起阿德罗奎，我想的不是当下因为发展，因为无线通信，还有摩托车而衰落的阿德罗奎，而是那个偏僻、幽静的迷宫——它由乡间小屋，广场，会合、分岔的街道，砖石花瓶，以及带铁栅栏的庄园组成。在世界上的任何一个角落，只要闻到尤加利树的气味，我就能重返偏僻的阿德罗奎——如今它只存在于我的记忆中，毫无疑问，也存在于很多记忆中。

奥坎波：请为我讲讲您的父亲。我希望您能告诉我他喜欢哪种文学，您所见到、认识的他是个怎样的男人。

博尔赫斯：他很聪明，和所有聪明人一样，也很和善。他是斯宾塞[①]的信徒。有一次他对我说，应该好好留心那些制服、武器、兵营、旗帜、教堂、神父和肉铺，因为这一切都即将消失；而我可以告诉我的孩子们，我曾经见证过它们。他的预言现在还尚未成为现实。他如此谦逊，以至于希望自己是个隐形人。他以自己直接的撒克逊血统为傲，经常拿这件事开玩笑。他曾貌似困惑地对我们说："我不知道人们为什么总是在谈论英国人。他们归根结底是什么？一群德国小庄园主。"

在他崇拜的众神中，有雪莱、叶芝、华兹华斯和斯温伯恩。诗歌的现实以及词语，并不仅仅是象征的游戏，而可以成为一

①斯宾塞（Herbert Spencer，1820—1903），英国哲学家、社会学家、教育家。——编注

种魔术、一种音乐，都是他向我揭示的。如今，当我朗诵一首诗时，我会以——并非有意地——我父亲的声音朗诵。他过去常说，在这个国家，教义已经被阿根廷历史所代替。他不信任语言：他认为许多词语中都包含着一个诡辩。病人们相信自己会被疗愈——他常对我们说——是因为人们会把他们送到疗养院。

在杂志《我们》上，你们可以找到他写的一些令人叹服的十四行诗，有点像恩里克·班奇斯①的风格。他留下了一本历史小说，《酋长》。他写过好几本书，又将它们毁掉了。他过去在埃斯梅拉达街的现代语言师范学校用英文教授心理学课程。

奥坎波：在这个阳台上探身向外望时，您梦见的是哪首诗或哪些故事？

博尔赫斯：我不知道。如果是我们在金塔纳大道第一个家的阳台的话，我梦见的应该是某首诗。因为那时我认为自己没有资格写故事，虽然我非常喜欢故事，但这项任务对我来说过于复杂。现在，如果说的是我们在安丘雷纳的家，那么我会想到短篇小说《环形废墟》。我用了一个星期写这个故事。那个星期，我去了阿尔玛格罗街的一个图书馆工作，看了几场电影，见了我的朋友们，但这一切都仿佛发生在一场梦中，因为与此同时——在那之前和之后我都从未在任何文学作品中生活过——我正住在《环形废墟》之中。

奥坎波：您是否相信曾经住在一所房子里的人会长久地存

①恩里克·班奇斯（Enrique Banchs，1888—1968），阿根廷诗人。——编注

金塔纳大道 222 号（1924—1930）。里卡尔多·圭拉尔德斯经常来这里做客，拜访博尔赫斯一家，正是他将博尔赫斯一家介绍给了维多利亚·奥坎波。博尔赫斯被这栋房子的门牌号码所吸引，认为它具有魔力。

留于那里，有些东西会留下来，仿佛飘浮在房屋中，所有的房屋——或多或少——都是“haunted”“hantées”的？为什么在西班牙语中不存在“haunted”这个词语？是因为没有任何西班牙人或西班牙语美洲人曾经感受到发明它的必要吗？

博尔赫斯：我完全同意您说的。我相信像“haunted”（英语：闹鬼的）、“uncanny”（英语：神秘的，可怕的）、“eerie”（英语：可怕的，怪诞的）这样的词，在其他语言中并不存在，因为讲其他语言的人们没有感受到发明这些词语的必要，就像您所说的。相反，在英语或苏格兰语中有“uncanny”这个词，在德语中有类似的词“unheimlich”（阴森的，令人毛骨悚然的），是因为那些人感受到了某种超自然、邪恶之物的在场。我相信语言对应着说这些语言的人的需要，如果某种语言缺少一个词语，那是因为它缺少一个概念，或者更准确地说，一种感受。

奥坎波：还有另一个不可译的词语，至少我没能为它找到翻译，我们看看您是否能找到，“wistful”（英语：渴望的，留恋的）。

博尔赫斯：不，我找不到对应的翻译。只有像“nostálgico”（西班牙语：乡愁的）、“anhelante”（西班牙语：渴望的）这样单纯的近义词，但它们中的任意一个都无法对应“wistful”。另外，这个词语的声音中也有某种东西，在这个词语的呼吸中，在它的声调中，对应着它的意义。

奥坎波：想起阿德罗奎，您会感到“wistful”吗？您会“wistfully”地回忆起那里吗？

博尔赫斯：是的。其他地方也会使我产生同样的感受。

奥坎波：您会将您的短篇小说《死者》中发生的故事，放置于我看到的，您身旁这条乌拉圭河流的河畔吗？

博尔赫斯：是的。我想象的是那里，但故事可以转移到任何一个边境，对应的不一定是大阿拉佩河流域。

奥坎波：您会如何想象这个给予了一位北美制片人灵感的故事变成电影？我相信他们会将《死者》改编成电影，现在[8]。

博尔赫斯：不过分虚荣地说，我相信用这个故事可以拍一部不错的西部片。说不错的西部片，我没有任何贬低的意图。我相信在一个作家已经忘记他们的职责——或者说他们的召唤之一——是史诗的时代，西部片为世界拯救了史诗。也就是说，西部片满足了全球范围内对史诗——人类灵魂最高贵的特征之一——的需求。

博尔赫斯在大阿拉佩河畔（Río Arapey）。这一水系流经乌拉圭萨尔托省，最终注入乌拉圭河。它发源于阿埃多峰（Cuchilla de Haedo）——与博尔赫斯祖先同姓氏的土地。

奥坎波：您知道——在我们看到的这张金塔纳大街客厅的照片中——这个马黛茶壶属于谁吗？

博尔赫斯：是的。这个马黛茶壶，我相信，有类似蛇形的三足，是我外曾祖父苏亚雷斯从秘鲁战场上带回来的。他还带来了一个银脸盆，以前挂在马鞍上。

这个银马黛茶壶，如博尔赫斯在对话中所说，是他的外曾祖父，军人、独立战争战士马努埃尔·伊西多罗·苏亚雷斯·梅尔洛上校（1799—1846）从秘鲁战场上带来的。苏亚雷斯上校成名于胡宁战役，当时他率领秘鲁军队和哥伦比亚军队作战。他是博尔赫斯的外祖母莱昂诺尔·苏亚雷斯·阿埃多的父亲。

奥坎波：我还清楚地记得里卡尔多·圭拉尔德斯和阿德丽娜·圭拉尔德斯带我去了您金塔纳大道的家——那个时期还不叫“大道”，我记得。那是《船艏》时期。请您为我讲讲您的参与，或是您还记得的关于那份刊物的往事。

博尔赫斯：无可避免，我要重复一段逸事。大约是 1924 年，布朗丹·卡拉法[①]给我打电话，告诉我他和里卡尔多·圭拉尔德斯、巴勃罗·罗哈斯·帕斯[②]决定一起创办一本代表新一代文学青年的刊物，而他们一致认为这份刊物不能没有我。不难理解，我感到受宠若惊。当晚我去了圣马丁街和科尔多瓦街之间的凤凰酒店，圭拉尔德斯下榻在那里。圭拉尔德斯迎接我的开场白是："布朗丹和我说，前天晚上你们为了创办一份青年人的文学期刊而聚在一起，每个人都说这份刊物不能没有我。"这时，巴勃罗·罗哈斯·帕斯进来了。他和我们打了招呼，然后激动地对我们说："我真是受宠若惊。"我打断他，对他说："前天晚上我们三个人聚在一起，商量创办一份青年人的文学刊物，这可不能少了您。"就这样，因为一个善意的诡计，《船艏》诞生了。第一期刊物——用钢笔用纸[③]印了五百份，每本一百二十页——我们每个人都掏了五十比索[9]，这对我来说是一笔不小的数目。

奥坎波：诺拉，在这张照片上有些奥菲莉亚的气质，曾和您住在一起，一同长大。您认为她的绘画是否反映了相册中先人们的某些特质？或者对她来说，战士是不是变成了天使？有没有可能，由诺拉描绘战士，而您描述天使？

博尔赫斯：不可能。我相信诺拉画的战士会非常温和、仁

---

①布朗丹·卡拉法（Alfredo Brandán Caraffa，1898—1978），阿根廷小说家、诗人，阿根廷先锋文学、超越主义运动代表人物。——译注

②巴勃罗·罗哈斯·帕斯（Pablo Rojas Paz，1896—1956），阿根廷作家。——编注

③此处有疑问，原文为 papel pluma，但未能找到对应的解释与图片。——译注

《船艏》杂志。由博尔赫斯、圭拉尔德斯、马塞多尼奥·费尔南德兹创办于1922年，杂志只出版了十八期。

莱奥诺尔·凡妮（“诺拉”）·博尔赫斯，博尔赫斯唯一的妹妹，于1928年与吉耶尔莫·德·托雷结婚。“诺拉”的昵称是博尔赫斯为她取的。

慈。至于我，我认为我不够资格讲述天使。但是说到祖先，我相信比起那些阿根廷或是东部军人，诺拉身上可能有我们家族英国那一边新教牧师的特质[10]。

奥坎波：这里我看到您和我的妹夫比奥伊·卡萨雷斯在一起。我想给您讲一件您或许不知道的趣事。当小阿道尔夫几乎还是个少年的时候，他的母亲玛尔塔——为他正在成形的成为作家的愿望而担心——问我可以把他介绍给谁，谁能成为他的向导、他的朋友。我回答说：“博尔赫斯。”看起来我没

博尔赫斯与西尔维娜·奥坎波。她是维多利亚·奥坎波的妹妹，阿道尔夫·比奥伊·卡萨雷斯的妻子——二人于1940年结婚。西尔维娜·奥坎波是诗人、小说家、叙事文学家，她于1937年至1990年间创作的大量文学作品，展示出了不竭的想象力。

博尔赫斯与阿道尔夫·比奥伊·卡萨雷斯。二人于1932年经维多利亚·奥坎波介绍相识，曾合作创作多部作品：《关于堂伊西多罗·帕罗蒂的六个问题》（1942），《两个令人难忘的幻想》和《死亡的范例》（1946），《布斯托斯·多梅克的编年史》（1967），《布斯托斯·多梅克的新故事》（1977），等等。

有弄错。那一时期我妹妹西尔维娅[11]在画画。她和诺拉在结婚前很久——西尔维娅和小阿道尔夫，诺拉和吉耶尔莫——就是朋友。您是从什么时候开始与比奥伊成为朋友的？

博尔赫斯：您问了我一个很难的问题，因为我完全不记得日期[12]。我只知道小阿道尔夫和我成为朋友是在一个下午——他从现在我们谈话的圣伊西多罗街的这栋房子把我送回了家。我相信我们都对对方产生了影响。人们总是认为长者对年轻人的影响会更大，但是我认为如果我有教给过小阿道尔夫什么，他教给我的东西则多得多。不是以一种直接的方式——那些能够直接教授的东西往往是无用的，而是以一种间接的方式。小阿道尔夫将我带向了一种更为简洁的表达，一种对巴洛克风格的蔑视。总的来说，年轻的阿道尔夫·比奥伊·卡萨雷斯是一位大师，堪称经典，对于已经年迈的豪尔赫·路易斯·博尔赫斯来说。

奥坎波：你们是怎么想到布斯托斯·多梅克的？

博尔赫斯：我最初不愿与他合作，我觉得合作是不可能的。一天上午他对我说，我们来试一试。那天我去他家吃午饭，在饭前两小时的空闲时间里，我们便想到了故事情节。于是我们开始写作，没过多久，就在同一个上午，奇迹发生了[13]。我们开始以一种既不像比奥伊也不像博尔赫斯的方式写作。我们相信在我俩之间以某种方式存在着第三个人物，布斯托斯·多梅克——多梅克是他曾祖父的名字，布斯托斯是我一个科尔多瓦先祖的名字。之后发生的事情是，关于布斯托斯·多梅克的作品既不像比奥伊写的也不像我自己写的。这个人物存在着，在某种程度上。但只有在我们两人对话的时候才存在。

奥坎波：诺拉的这幅挂毯，《激情》，是否以某种方式呼应着您写下的事物，呼应着某一个小径分岔的花园？

博尔赫斯：不，它对应的是诺拉尚未开始追求宁静、天使般绘画的时期，对应的是那个诺拉在德国表现主义影响下，作为一个非常生动、非常激荡、非常悲剧性的素描家和画家的时期——尽管这听起来是难以置信的。

诺拉·博尔赫斯
设计的挂毯

奥坎波：在一首杰出的诗，那首《赠礼之诗》中，您提到了格鲁萨克。他对您来说意味着什么？格鲁萨克有着一颗与您截然不同的灵魂，而您在这首诗中说："在两者之中，是谁写下了这首诗？"您是以何种形式，与一个和您毫不相似的人产生了共鸣？

博尔赫斯：我确信我和格鲁萨克并不相像，但我希望我的散文能够像他的。格鲁萨克，还有我们的朋友阿尔丰索·雷耶斯，他们的散文是我们语言中最令人赞美、最为流畅的。克维多和萨阿韦德拉·法哈尔多①的散文有生硬之嫌。卢贡内斯的则过于“self-conscious”[14]。

奥坎波：我找到了两张您在《南方》的照片。一张是《南方》尚未出版的时候，我想。这张照片是我在鲁菲诺·德·埃利萨尔德家拍的。我们站在楼梯上。聚在那里的有佩德罗·恩里克斯·乌雷尼亚、马耶阿、诺拉、玛利亚·罗莎·奥利弗、安塞美、拉蒙·戈麦斯·德·拉·塞尔纳、奥利维里奥·希隆多②、爱德华多·布尔里希③、吉耶尔莫·德·托雷。您还记得拍这张照片的那天吗？这几乎是《南方》编委会的第一次会议。

博尔赫斯：我还记得，当时我觉得您犯了一个错误，一个慷慨的错误——将我包括在内。我也记得，与言辞尖锐而充满善意的佩德罗·恩里克斯·乌雷尼亚进行了一场很长的谈话，但是已经记不清具体聊了什么话题了。

奥坎波：这里还有一张照片，最后一张，是在图库曼街拍

---

①萨阿韦德拉·法哈尔多（Diego de Saavedra Fajardo，1584—1648），西班牙黄金世纪时期作家，也是深得腓力四世信任的外交家。——译注

②奥利维里奥·希隆多（Oliverio Girondo，1891—1967），诗人、作家。——编注

③即爱德华多·J. 布尔里希·奥坎波（Eduardo J. Bullrich Ocampo，1895—1950），律师、政治家。——编注

在鲁菲诺·德·埃利萨尔德家，《南方》于1930年创刊。楼梯上方从左至右为：弗朗西斯科·罗梅罗，爱德华多·J. 布尔里希·奥坎波，吉耶尔莫·德·托雷，佩德罗·恩里克斯·乌雷尼亚，爱德华多·马耶阿，诺拉·博尔赫斯和维多利亚·奥坎波。在楼梯上：恩里克·布尔里希·奥坎波①，豪尔赫·路易斯·博尔赫斯，奥利维里奥·希隆多，卡罗拉·帕迪亚，拉蒙·戈麦斯·德·拉·塞尔纳。楼梯后方：厄内斯特·安塞美。坐在楼梯上的是玛利亚·罗莎·奥利弗。众人聚会的这栋房子，如今的国立艺术基金所在地，是受维多利亚·奥坎波委托，于1928年在布宜诺斯艾利斯按照阿莱杭德罗·布斯蒂约②的图纸建造的，属于理性主义风格。

①恩里克·布尔里希·奥坎波（Enrique Bullrich Ocampo，1884—1946），大学教授、作家、哲学家、文学评论家。爱德华多·布尔里希·奥坎波的弟弟，两人都是维多利亚·奥坎波的表弟。——编注

②阿莱杭德罗·布斯蒂约（Alejandro Bustillo，1889—1982），建筑师。——编注

在《南方》的一次周年庆典上。后排从左至右为：恩里克·贝索尼，爱德华多·冈萨雷斯·拉努萨，西尔维娜·奥坎波，阿尔贝尔托·希里，阿道尔夫·比奥伊·卡萨雷斯，维多利亚·奥坎波，阿莉西亚·胡拉多①，赫克托尔·A. 穆雷纳②。前排从左至右为：玛利亚·路易莎·巴斯托斯③，吉耶尔莫·德·托雷，卡洛斯·阿尔贝尔托·埃罗，豪尔赫·路易斯·博尔赫斯，爱德华多·马耶阿。

---

①阿莉西亚·胡拉多（Alicia Jurado，1922—2011），作家、学者。——编注

②赫克托尔·A. 穆雷纳（Héctor A. Murena，1923—1975），即赫克托尔·阿尔贝尔托·阿尔瓦雷兹·穆雷纳，小说家、散文家、诗人。——编注

③玛利亚·路易莎·巴斯托斯（María Luisa Bastos，1931—2016），作家，《南方》编辑部秘书。——译注

摄的，在《南方》回到圣马丁街和比亚蒙特街转角处的新房子之前。那是为了庆祝杂志不知道哪一个周年纪念日。现在，根据总目录我们得知，这是在庆祝它创办三十五周年[15]。这份延续了如此之久的刊物——或许太久了，您觉得它在哪方面起到了作用？

博尔赫斯：《南方》的创办是阿根廷文化最重要的事件之一。它的影响是全然有益的。阿根廷灵魂最好的特性之一，是不仅对发生在这里的事情，还对发生在地球上任意一个地方的事情都有着慷慨的好奇心。我们传统中的谦逊，让我们迫使自己不像欧洲人那么地方主义。也可以说，我们的传统是所有的过去，超越了单一语言或单一血统的界限。我相信所有阿根廷人，尽管他们不知道或是拒绝承认，都欠《南方》一份谢意。

奥坎波：翻阅故纸堆，我找到了另一张您没有见过的照片。我会将它收录在书中。这是一张在这里拍摄的照片，在奥坎波庄园的大厅里，是联合国教科文组织总干事朱利安·赫胥黎①访问布宜诺斯艾利斯时拍的。那是独裁时期。我提前收到了一封赫胥黎的信，他拜托我邀请我的作家、教师、科学家朋友们，他想认识他们。我这么做了。在这些人中间有奥赛教授②。那次聚会的前夜，我家差点儿被烧毁了[16]。二楼的

---

①朱利安·赫胥黎（Julian Huxley，1887—1975），作家、生物学家、人文主义者，1946 年至 1948 年间为联合国教科文组织首任总干事。——编注

②即贝尔纳多·奥赛（Bernardo Alberto Houssay，1887—1971），阿根廷医生，曾于 1947 年获得诺贝尔生理学和医学奖。——译注

两个厅完全毁于火中，其中一个曾是保存着我父亲藏书的图书室。因此我们不得不在大厅会面，在那里我们可以看到您和其他朋友在一起，其中还有拉法埃尔·阿尔贝尔蒂①。后面是我曾祖父马努埃尔·奥坎波的肖像——他是萨米恩托的朋友，这幅画是普利里迪亚诺·普埃伊雷东②画的。我相信，那一夜的谈话没什么可反对的。不知道您是否还记得，那次到我家做客令朱利安·赫胥黎感到为难，因为独裁者因此而不想接待他。拜访我，和我邀请的朋友们（您，奥赛，马耶阿，恩里克斯·乌雷尼亚，罗梅罗等人）见面，在当时是严重的罪行，完全可能被惩罚。

博尔赫斯：也许更公正的说法是，那次拜访救了朱利安·赫胥黎，使他免于与独裁者会面。

奥坎波：我还有一张在这里拍的照片，在奥坎波庄园，您和马耶阿来与伟大的美国演员海伦·海丝③共进午餐时拍的[17]。戏剧最令您喜爱的是什么？

博尔赫斯：比起戏剧演出，我更偏爱阅读戏剧文学，奥尼尔④的情况除外。我觉得奥尼尔读起来不值一提，但在舞台

---

①拉法埃尔·阿尔贝尔蒂（Rafael Alberti，1902—1999），诗人，1983年塞万提斯文学奖得主。——编注

②普利里迪亚诺·普埃伊雷东（Prilidiano Pueyrredón，1823—1870），阿根廷画家、建筑师。——译注

③海伦·海丝（Helen Hayes，1900—1993），美国最著名的影星、戏剧演员之一。——编注

④即尤金·奥尼尔（Eugene O'Neill，1888—1953），美国剧作家，表现主义文学的代表作家。——编注

豪尔赫·路易斯·博尔赫斯在圣伊西德罗的奥坎波庄园，在接待朱利安·赫胥黎当天。从左至右：西埃士伯爵，豪尔赫·路易斯·博尔赫斯，古埃瓦斯·德·贝拉伯爵夫人①，拉法埃尔·阿尔贝尔蒂，安东尼奥·洛佩斯·亚乌萨斯②。

在圣伊西德罗的奥坎波庄园，与演员海伦·海丝在一起。从左至右：某夫人③，维多利亚·奥坎波，海伦·海丝，安杰丽卡·奥坎波，豪尔赫·路易斯·博尔赫斯，爱德华多·马耶阿。

---

①古埃瓦斯·德·贝拉伯爵夫人（Cuevas de Vera，1887—1970），即玛利亚·阿波罗尼亚·德·阿图恰·德·卡洛，维多利亚的朋友。——编注

②安东尼奥·洛佩斯·亚乌萨斯（Antonio López Llausás，1888—1979），南美出版社创始人之一、第一任社长。——编注

③原文为 × 夫人。——译注

上，曾经震撼过我，深深地感动过我。想到戏剧，有两个名字会立刻来到我的记忆中：易卜生①，我希望能够用原文读一次他的作品；还有萧伯纳。“The rest is silence”[18]。

奥坎波：既然我们在谈戏剧，请您告诉我电影对您意味着什么，您真正喜欢电影、经常看电影吗？

博尔赫斯：我曾是电影观众。现在应该算是听众。我希望能再看看约瑟夫·冯·斯登堡②的犯罪电影，班克罗夫特和弗雷德·科勒在里面无休止地杀死对方。我以前也常看《你逃我也逃》《玫瑰花魂》《大赌局》《歌声俪影》《惊魂记》《迷魂记》《妮诺契卡》《西区故事》《蝴蝶春梦》《正午》《喀土穆》……我知道在名单中最引人注意的是略去的内容。总的来说，我更偏爱美国电影和英国电影。

奥坎波：如果您能再梦想一次您的生活——因为人们不仅过生活，也梦见生活——您更愿意停留在哪个时期？童年，青少年，还是成年时期？

博尔赫斯：我愿意停留在 1967 年的这一天。

---

①即亨利克·易卜生（Henrik Ibsen，1828—1906），挪威戏剧家，欧洲近代戏剧的创始人。——编注

②约瑟夫·冯·斯登堡（Josef von Sternberg，1894—1969），美国电影导演。——编注

注释：

[1]玛利亚·特蕾莎·阿耶尔萨（m.1989），收藏家阿尔弗雷多·冈萨雷斯·加拉尼奥的妻子。加拉尼奥的主要收藏包括欧洲和拉美绘画，以及克里奥尔和殖民时期银器，他亦是《南方》杂志编辑部成员，国立美术学院创始人之一。加拉尼奥夫妇被昵称为“小个子”。维多利亚·奥坎波曾说，“这对夫妇有种种令人嫉妒的‘古怪之处’，其中竟有快乐这一处”（“Alfredo González Garaño，1886—1969”，en *Testimonios. Octava* serie，1968—1970，Buenos Aires：Editorial Sur，1971）。

[2]原注释为西班牙语“Tierra de nadie”，意为“无主之地”。

[3]据博尔赫斯说，他的外祖父伊西多罗·阿塞维多·拉普利达，因为熟知当时布宜诺斯艾利斯社会的各种八卦，曾被冠以“老入门读物”的绰号。他曾救过萨米恩托，使其免于被暗杀。“在一次会议上，一个黑人试图将一面巨大的镜子推倒在萨米恩托身上，想杀了他。阿塞维多分开了两人，阻止了这一企图。几年后，当萨米恩托在一次聚会上提及此事时，阿塞维多承认说：‘当时是我救了您。’‘那么您是个混蛋。’萨米恩托大张着嘴，用他那外省人的口音回答说，‘您当时为什么没有告诉我？’”（Adolfo Bioy Casares，*Borges*，Bogotá：Destino，2006，p.699。）

[4]1948年9月8日，诺拉·博尔赫斯和母亲在佛罗里达街与一群女友分发传单时被警方拘捕，传单内容是反对以允许庇隆连任为目的的修宪计划。由于被控在公共场合引起骚乱，诺拉·博尔赫斯和女作家阿黛拉·格隆多纳在圣特尔莫区的善牧监狱（现为刑罚博物馆）被监禁了近一个月。莱奥诺尔·阿塞维多·德·博尔赫斯，由于年事已高（72岁），被软禁三十天。另一方面，维多

利亚·奥坎波在1953年5月8日被逮捕，此系当年4月15日在五月广场发生的两枚炸弹爆炸事件——当时庇隆正在阿根廷总工会组织的活动上致辞——之后发生的大规模报复行为。《南方》杂志的创始人作为政治犯，被监禁在善牧监狱二十六天。

[5]过分的玩笑。

[6]图库曼街840号。

[7]“对我这样的人来说，可见世界是存在的。”

[8]奥坎波指的是《死者》的同名电影，由赫克托尔·奥利维拉导演，于1975年首映。

[9]博尔赫斯指的是《船艏》的第二个时期——1924年8月到1926年1月，这期间刊物一共出版了十五期。在创刊初期——1922年8月到1923年7月，《船艏》只出版了三期。

[10]博尔赫斯指的是他的高祖父，尊敬的卫理公会主教威廉·哈斯拉姆（1768—1839）。关于博尔赫斯的英国祖先，可参考：Martín Hadis, *Literatos y excéntricos.Los ancestros ingleses de Jorge Luis Borges*, Buenos Aires：Editorial Sudamericana, 2006。

[11]奥坎波一家对家中幼女西尔维娜的称呼。

[12]据比奥伊·卡萨雷斯说，他与博尔赫斯相识于1931或1932年（《书与友谊》"Libros y amistad", en *La otra aventura*, Buenos Aires：Galerna, 1968）。

[13]如比奥伊在《书与友谊》中提及的，两人尝试共同创作的第一篇稿件——于1935年或1936年写于比奥伊在埃尔帕尔多的住所——是“一篇侦探小说，故事是博尔赫斯的，讲的是普雷托利乌斯博士，一位宽厚温和的德国人，一所学校的校长，如何用享乐主义的方式（强制游戏，无时无刻不播放音乐）折磨并杀害孩子”。这篇未完成的故事现存手稿三页，两位作家的笔迹在上面交替出现。可参考：Daniel Martino, “El joven Bustos Domecq”, *Unicornio*, 2, agosto-septiembre de 1992, pp.1-3。

[14]做作，虚假。

[15]奥坎波是指《南方》的三期合刊（303-305号，1966年11月—1967年4

月），这一期的内容由1931 年至1966 年刊物的完整目录组成。

［16］火灾发生于1947 年7 月初，庇隆首次任总统期间。维多利亚·奥坎波曾在一封与何塞·比昂科的通信中详细描述了火灾过程。这封信刊登于《南方》第347 期，1980 年7 月—12 月，pp.102-103。

［17］1961 年9 月。博尔赫斯曾写道："（海丝和其他同行的美国女演员）她们不认识任何人，看起来在凭记忆说话。一个说'哦天哪，这件事多有趣'，然后讲一段别的女演员已经听过一千次的逸闻……我本来以为，圣伊西多罗之行让这些美国人失望了，如果她们想看的是高乔人和潘帕斯草原的话。很快我就明白，她们并没有期待看到任何东西—— 她们根本就不知道这里还有高乔人和潘帕斯草原。"

［18］"余下的便是沉默"。语出威廉·莎士比亚《哈姆雷特》，为哈姆雷特的遗言。

书信

豪尔赫·路易斯·博尔赫斯
莱奥诺尔·阿塞维多·德·博尔赫斯
诺拉·博尔赫斯
维多利亚·奥坎波

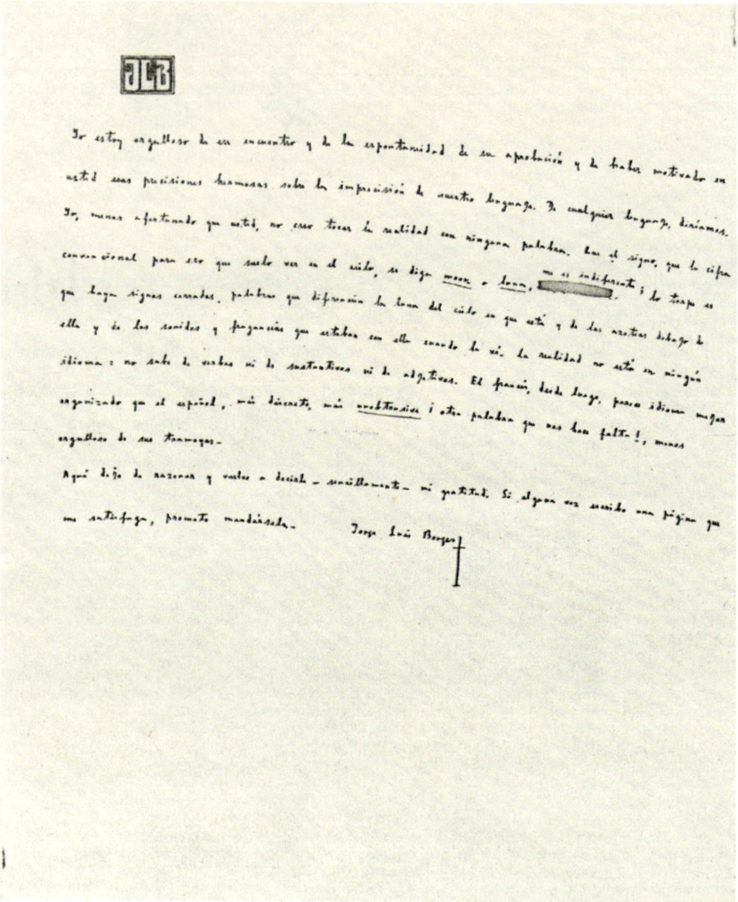

Yo estoy orgulloso de ese encuentro y de la espontaneidad de su aprobación y de haber motivado en usted esas precisiones hermosas sobre la imprecisión de nuestro lenguaje. De cualquier lenguaje, diríamos. Yo, menos afortunado que usted, no creo tocar la realidad con ninguna palabra. Que el signo, que la cifra convencional para eso que suelo ver en el cielo, se diga *moon* o *luna*, me es indiferente; lo trágico es que haya signos cerrados, palabras que diferencian la luna del cielo en que está y de las azoteas debajo de ella y de los sonidos y fragancias que estaban con ella cuando la vi. La realidad no está en ningún idioma: no sabe de verbos ni de sustantivos ni de adjetivos. El francés, desde luego, parece idioma mejor organizado que el español, más discreto, más *unobtrusive* (¡otra palabra que nos hace falta!), menos orgulloso de sus [illegible].

Aquí dejo de razonar y vuelvo a decirle — sencillamente — mi gratitud. Si alguna vez escribo una página que me satisfaga, prometo mandársela.

Jorge Luis Borges

抬头：JLB

1927 年 9—10 月

我为我们那次会面，为您发自内心的赞同，以及引发了您关于我们语言非精确性的那些美好的精确表达[1] 而感到非常骄傲。可以说，那是关于任意一种语言的。

我，没有您那么幸运，不相信自己能用任何词语触碰现实。那个符号，那个用来指代我常在天上看到的事物的常规音节，是叫作“moon”还是“luna”，对此我无动于衷；笨拙的是存在封闭的符号，存在一些词语，将天上的月亮，月下的露台，还有我看到月亮时与它同在的声音和香气彼此区别开。现实不在任何语言中：它既不懂得动词，也不通晓名词或形容词。法语，毫无疑问，看起来是比西班牙语组织得更好的语言，更为审慎，也更为“unobstructive”[2] ——又一个我们需要的词！——并且不那么以它的华丽辞藻而骄傲。

论证到此为止，再次向您表达我朴素的谢意。如果哪一次我写了令自己满意的一页，保证将它寄给您。

豪尔赫·路易斯·博尔赫斯

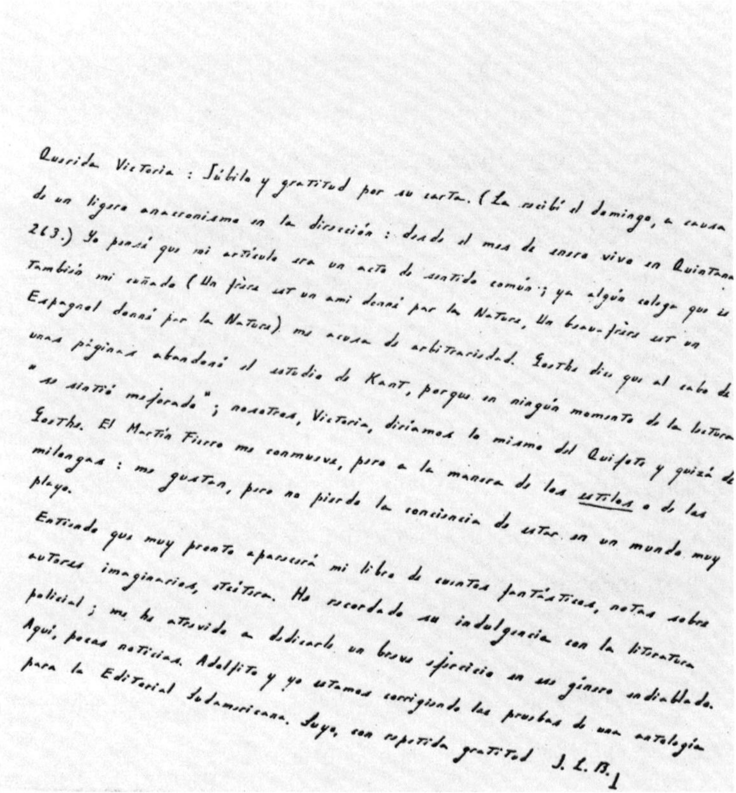

Querida Victoria: Júbilo y gratitud por su carta. (La recibí el domingo, a causa
de un ligero anacronismo en la dirección: desde el mes de enero vivo en Quintana
263.) Yo pensé que mi artículo era un acto de sentido común; ya algún colega que es
también mi cuñado (Un frère est un ami donné par la Nature, Un beau-frère est un
Espagnol donné par la Nature) me acusa de arbitrariedad. Goethe dice que al cabo de
unas páginas abandonó el estudio de Kant, porque en ningún momento de la lectura
"se sintió mejorado"; nosotros, Victoria, diríamos lo mismo del Quijote y quizá de
Goethe. El Martín Fierro me conmueve, pero a la manera de los estilos o de las
milongas: me gustan, pero no pierdo la conciencia de estar en un mundo muy
playo.
Entiendo que muy pronto aparecerá mi libro de cuentos fantásticos, notas sobre
autores imaginarios, etcétera. He recordado su indulgencia con la literatura
policial; me he atrevido a dedicarle un breve ejercicio en ese género endiablado.
Aquí, pocas noticias. Adolfito y yo estamos corrigiendo las pruebas de una antología
para la Editorial Sudamericana. Suyo, con repetida gratitud J. L. B.

1941 年 10 月间

亲爱的维多利亚：

您的来信令我心中充满欢乐与感激之情。（信是星期日收到的，由于地址上一处微小的错误：从一月起我就住在金塔纳大道 263 号了[3]。）我本来以为，我的文章[4]是一个基于常识的行为，但却被同事同时也是我妹夫[5]（un frère est un ami donné par la Nature, un beau-frère est un Espagnol donné par la Nature[6]）指责主观武断。歌德说他只读了几页就放弃了对康德的研究，因为阅读时他没有一刻“感到自己变得更好”；我们，维多利亚，应该就《堂吉诃德》，也许还有歌德，说出同样的话。《马丁·菲耶罗》令我感动，可那是为作品的风格或那些米隆加而感动：我很喜欢，但我并没有失去身处一个非常浅薄世界的自觉。

听说我的书——幻想故事，关于想象中作者的笔记，等等——即将面世[7]。想起您对侦探小说的宽容，我斗胆将这一邪恶体裁的简短练习献给您[8]。

这里没有什么新消息。小阿道尔夫和我在为南美出版社[9]修改一本选集的校样。

您的不尽感激的，

J.L.B.

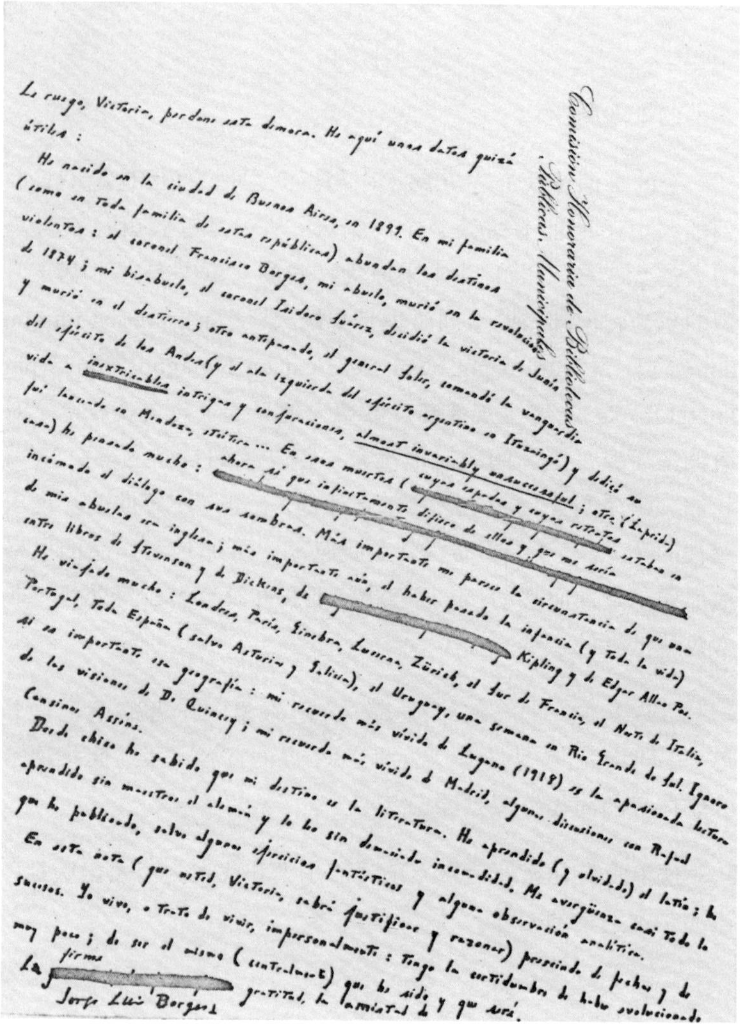

Comisión Honoraria de Bibliotecas Públicas Municipales

Le ruego, Victoria, perdone esta demora. He aquí unos datos quizá útiles:

He nacido en la ciudad de Buenos Aires, en 1899. En mi familia (como en toda familia de esta república) abundan los destinos violentos: el coronel Francisco Borges, mi abuelo, murió en la revolución de 1874; mi bisabuelo, el coronel Isidoro Suárez, decidió la victoria de Junín y murió en el destierro; otro antepasado, el general Soler, comandó la vanguardia del ejército de los Andes (y el ala izquierda del ejército argentino en Ituzaingó) y dedicó su vida a inextricables intrigas y conspiraciones, almost invariably unsuccessful; otro (Laprida) fue lanceado en Mendoza, etcétera... En esas muertes (cuyas espadas y cuyos retratos estaban en casa) he pensado mucho: ahora sé que infinitamente difiero de ellos y que me sería incómodo el diálogo con sus sombras. Más importante me parece la circunstancia de que uno de mis abuelos era inglés; más importante aún, el haber pasado la infancia (y toda la vida) entre libros de Stevenson y de Dickens, de [illegible] Kipling y de Edgar Allan Poe.

He viajado mucho: Londres, París, Ginebra, Lucerna, Zürich, el Sur de Francia, el Norte de Italia, Portugal, toda España (salvo Asturias y Galicia), el Uruguay, una semana en Río Grande do Sul. Ignoro si es importante esa geografía: mi recuerdo más vívido de Lugano (1918) es la apasionada lectura de las visiones de De Quincey; mi recuerdo más vívido de Madrid, algunas discusiones con Rafael Cansinos Assens.

Desde chico he sabido que mi destino es la literatura. He aprendido (y olvidado) el latín; he aprendido sin maestros el alemán y lo leo sin demasiada incomodidad. Me avergüenza casi todo lo que he publicado, salvo algunos ejercicios fantásticos y alguna observación analítica.

En esta nota (que usted, Victoria, sabrá justificar y razonar) prescindo de fechas y de sucesos. Yo vivo, o trato de vivir, impersonalmente: tengo la certidumbre de haber evolucionado muy poco; de ser el mismo (centralmente) que he sido y que seré.

La firma [illegible] gratitud, la amistad de

Jorge Luis Borges

信纸抬头：城市公立图书馆荣誉委员会[10]

1946 年 4—5 月

我请求您，维多利亚，原谅我的耽搁。这里是一些或许有用的信息[11]。

1899 年，我出生于布宜诺斯艾利斯。我的家庭（像这个共和国的所有家庭一样）充满暴力的命运：弗朗西斯科·博尔赫斯上校，我的祖父，死于 1874 年革命；我的外曾祖父，伊西多罗·苏亚雷斯上校，决定了胡宁之战的胜利，却死于流放之中；另一位先人，索雷尔将军，指挥过安第斯军队的先头部队（以及阿根廷军队驻扎伊图萨因戈的左翼部队）并将一生献给了错综复杂的权术和密谋，“almost invariably unsuccessful”[12]；另一位（拉普利达）在门多萨被长矛刺死；凡此种种，不一而足。关于这些死者（他们的剑与肖像曾悬挂于家中）我想过很多：现在我知道，我与他们截然不同，连与他们影子的对话也会使我感到不适。我认为更重要的事情是，我的祖母是英国人；而比这更重要的是，在史蒂文森、狄更斯、吉卜林和埃德加·爱伦·坡的书中度过了童年（和一生）。

我去过很多地方旅行——伦敦，巴黎，日内瓦，卢塞恩，法国南部，意大利北部，葡萄牙，全西班牙（除了阿斯图里亚斯和加利西亚），乌拉圭，还曾去过一个星期南里奥格兰德州。我不在乎这种地理学是否重要：我对卢加诺最鲜活的记忆

（1918 年），是对德·昆西的独特见解充满激情的阅读；而我对马德里最鲜活的记忆，是与拉法埃尔·坎西诺斯·阿森斯[13]的一些争论。

当我还是个孩子的时候，便知道文学是我的宿命。我学会了（并忘记了）拉丁语；我自学了德语，阅读原文并无太多障碍。所有发表过的作品，除了某些幻想故事练习和一些分析性的观察，都令我感到惭愧。

在这段笔记（您，维多利亚，定会予以证实和判断）中我略去了日期和事件。我生活，或者说尝试着，以一种非个人的方式生活：我确信自己进步得非常少，确信自己和我曾经是、将成为的，（在本质上）是同一个人。

不变的感激与友谊，来自

豪尔赫·路易斯·博尔赫斯

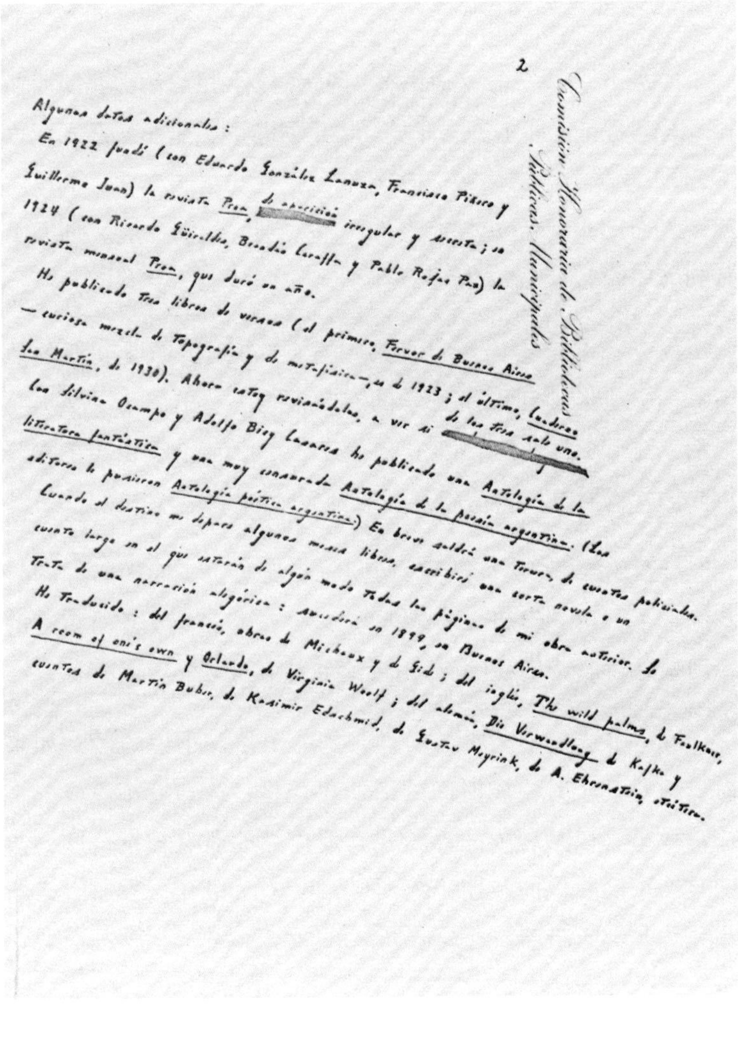

Comisión Honoraria de Bibliotecas Públicas Municipales

2

Algunos datos adicionales:

En 1922 fundé (con Eduardo González Lanuza, Francisco Piñero y Guillermo Juan) la revista Proa, de aparición irregular y secreta; en 1924 (con Ricardo Güiraldes, Brandán Caraffa y Pablo Rojas Paz) la revista mensual Proa, que duró un año.

He publicado tres libros de versos (el primero, Fervor de Buenos Aires — curiosa mezcla de topografía y de metafísica —, es de 1923; el último, Cuaderno San Martín, de 1930). Ahora estoy revisándolos, a ver si de los tres sale uno.

Con Silvina Ocampo y Adolfo Bioy Casares he publicado una Antología de la literatura fantástica y una muy censurada Antología de la poesía argentina. (Los editores le pusieron Antología poética argentina.) En breve saldrá una tercera, de cuentos policiales.

Cuando el destino me depare algunos meses libres, escribiré una corta novela o un cuento largo en el que estarán de algún modo todas las páginas de mi obra anterior. Se trata de una narración alegórica: sucederá en 1899, en Buenos Aires.

He traducido: del francés, obras de Michaux y de Gide; del inglés, The wild palms, de Faulkner, A room of one's own y Orlando, de Virginia Woolf; del alemán, Die Verwandlung de Kafka y cuentos de Martin Buber, de Kasimir Edschmid, de Gustav Meyrink, de A. Ehrenstein, etcétera.

一些补充信息：

1922年，我（与爱德华多·冈萨雷斯·拉努萨、弗朗西斯科·比涅罗和吉耶尔莫·胡安一起）创办了《船艏》杂志，以不定期的方式秘密出版；1924年，我（与里卡尔多·圭拉尔德斯、布朗丹·卡拉法和巴勃罗·罗哈斯·帕斯一起）创办了月刊《船艏》，杂志维持了一年多。

我有三本诗集出版过（第一本，《布宜诺斯艾利斯的热情》——地形学和形而上学的有趣混合——出版于1923年；最后一本，《圣马丁札记》，出版于1930年）。现在我正在修订它们，看看这三本诗集是否能合为一部[14]。

与西尔维娜·奥坎波和阿道尔夫·比奥伊·卡萨雷斯一起，我编选了一本《幻想文学选集》，以及一本经历了重重审查的《阿根廷诗歌选集》（编辑们将其更名为《阿根廷诗选》）。

第三本选集不久将会面世，是关于侦探小说的[15]。如果命运给我几个月空闲时间的话，我会写一篇短篇小说或一个长篇故事，以某种方式涵盖我其前作品的所有篇章。这一尝试是一个隐喻性的叙述：故事将发生于1899年，在布宜诺斯艾利斯[16]。

我翻译过：米肖[17]和纪德[18]的作品，译自法语；福克纳的《野棕榈》[19]，弗吉尼亚·伍尔夫的《一个人的房间》和

《奥兰多》[20]，译自英语；卡夫卡的《变形记》[21]和马丁·布伯[22]、卡斯米尔·埃德施密德、古斯塔夫·梅林克[23]和A.艾伦斯特里姆等人的故事，译自德语。

Buenos Aires, 13 de julio de 1951.

Querida Victoria: Mis especialidades (mis preferencias) desgraciadamente no corresponden a lo expected in a Latin American writer. En el Colegio Libre de Estudios Superiores y en la Asociación Argentina de Cultura Inglesa he dictado cursos sobre los clásicos norteamericanos (Hawthorne, Emerson, Edgar Allan Poe, Whitman, Melville, Thoreau, Mark Twain, Henry James, Henry Adams), sobre literatura inglesa, sobre las antiguas literaturas germánicas (los anglosajones, los escandinavos, los alemanes), sobre los pensadores presocráticos, sobre budismo (better keep this dark), sobre Bernard Shaw, sobre Yeats, sobre Martin Buber y sobre Kafka. El 24 de este mes iniciaré un "cursillo" sobre el siglo XVIII inglés: Pope, Hume, Macpherson, Gibbon, Boswell y Blake. ¿Me atreveré a agregar que en Santiago del Estero hablé, ante un auditorio judío, sobre Moisés de León y la Cábala? También he hablado sobre literatura fantástica.

Yo podría, en los Estados Unidos, hablar sobre literatura española o hispanoamericana. Conozco la primera pasablemente y bien la argentina. Con Adolfo Bioy Casares, he editado y comentado a Quevedo ("Quevedo: Prosa y verso, Emecé Editores, Buenos Aires, 1948) y a los poetas gauchescos (Fondo de Cultura Económica, México). El ensayo, la poesía o la narrativa argentina podrían, tal vez, interesar.

Vuelvo a agradecerle su bondad, querida Victoria. Soy, muy cordialmente

Jorge Luis Borges

布宜诺斯艾利斯，1953 年 7 月 13 日[24]

亲爱的维多利亚：

我的专长（我的偏好）不幸无法符合“expected in a Latin American writer”[25]。在高等教育自由学院和阿根廷英国文化中心，我教过关于北美经典作家（霍桑、爱默生、埃德加·爱伦·坡、惠特曼、麦尔维尔、梭罗、马克·吐温、亨利·詹姆斯、亨利·亚当斯），关于英国文学，关于日耳曼古典文学（盎格鲁–撒克逊人、斯堪的纳维亚人、德国人），关于前苏格拉底时期的思想家，关于佛教（better keep this dark[26]），关于萧伯纳，关于叶芝，关于马丁·布伯，以及关于卡夫卡的课程。这个月 24 号，我将开设一门关于英国 18 世纪的“小课”：蒲柏、休谟、麦克弗森、吉本、包斯威尔，还有布莱克。我会敢于补充，在圣地亚哥–德尔埃斯特罗省，我在犹太听众面前讲了莱昂的摩西（神秘主义者）和卡巴拉吗？我也讲了幻想文学。

我可以在美国讲西班牙文学和西班牙语美洲文学。我对前者的了解还过得去，对阿根廷文学则很了解。和阿道尔夫·比奥伊·卡萨雷斯一起，我编辑、评论了克维多（《克维多：散文和诗句》，埃梅塞出版社，布宜诺斯艾利斯，1948 年）和高乔诗人（经济文化基金，墨西哥）的作品[27]。阿根廷散文、诗歌和叙事文学，有可能会令他们感兴趣。我再一次对您的善良致以谢意，亲爱的维多利亚。您的非常真诚的，

豪尔赫·路易斯·博尔赫斯

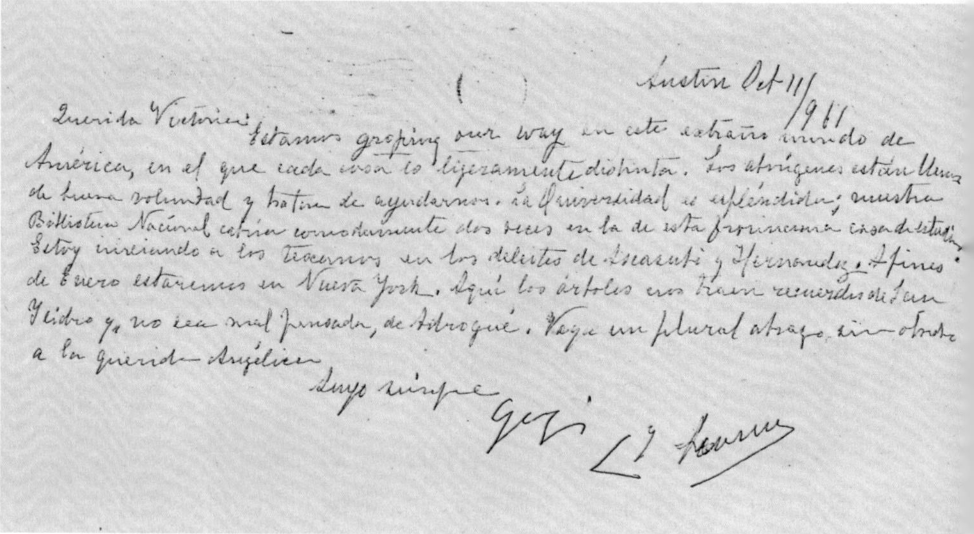

Austin Oct 11/961

Querida Victoria:
Estamos groping our way en este extraño mundo de América, en el que cada cosa es ligeramente distinta. Los aborígenes están llenos de buena voluntad y tratan de ayudarnos. La Universidad es espléndida; nuestra Biblioteca Nacional cabría cómodamente dos veces en la de esta provinciana casa de estudios. Estoy iniciando a los texanos en los deleites de Ascasubi y Hernández. A fines de Enero estaremos en Nueva York. Aquí los árboles nos traen recuerdos de San Ysidro y, no sea mal pensado, de Adrogué. Vaya un plural abrazo, sin olvidar a la querida Angélica.

Suyo siempre

Georgie

J. L. Borges

奥斯汀，1961 年 10 月 11 日

亲爱的维多利亚：

我们正在美国这个奇怪的世界里“groping our way”[28]，在这里每件事物都有些许不同。当地人充满善意，试着帮助我们。大学蔚为壮观[29]，我们的国立图书馆，在这个省的学术之家里可以舒舒服服地装下两座。我正开始向得克萨斯人介绍令人愉悦的阿斯卡苏比和埃尔南德斯。一月我们将会在纽约度过。这里的树木给我们带来圣伊西德罗的回忆，还有——您不要想歪了——阿德罗奎①的回忆。给您一个复数的拥抱，我们没有忘记亲爱的安杰丽卡[30]。

您永远的，

乔吉和莱奥诺尔

①西班牙语中“阿德罗奎”的读音与法语“瘾君子”的读音相似。——译注

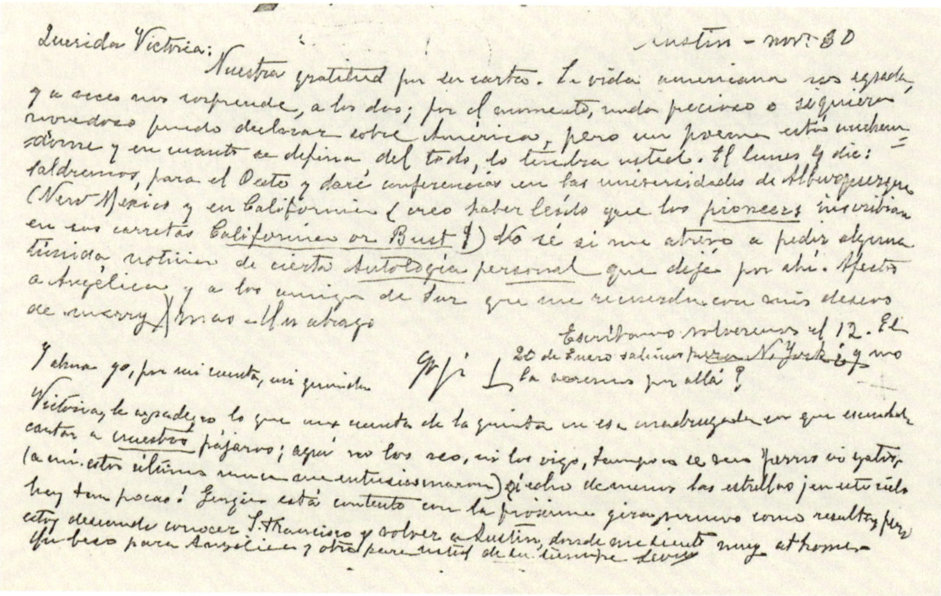

Querida Victoria: Austin - nov. 30

Nuestra gratitud por su carta. La vida americana nos agrada, y a veces nos sorprende, a los dos; por el momento, nada preciso o siquiera novedoso puedo declarar sobre América, pero un poema está madurándome y en cuanto se defina del todo, lo tendrá usted. El lunes 4 de dic. saldremos para el Oeste y daré conferencias en las universidades de Albuquerque (New Mexico) y en California (creo haber leído que los *pioneers* inscribían en sus carretas *California or Bust!*) No sé si me atrevo a pedir alguna tímida noticia de cierta *Antología personal* que dejé por ahí. Afectos a Angélica y a los amigos de Sur que me recuerden con mis deseos de merry Xmas. Un abrazo

Georgie

Escríbanos: volveremos el 12. El 20 de Enero salimos para N. York ¿y no la veremos por allá?

Y ahora yo, por mi cuenta, mi querida Victoria, le agradezco lo que me cuenta de la quinta en esa madrugada en que escuché cantar a *nuestros* pájaros; aquí no los veo, ni los oigo, tampoco se ven perros ni gatos (a mí estos últimos nunca me entusiasmaron) ¡y echo de menos las estrellas ¡en este cielo hay tan pocas! Georgie está contento con la próxima gira, pero no sé como resultará, yo estoy deseando conocer S. Francisco y volver a Austin, donde me siento muy at home. Un beso para Angélica y otro para usted de su siempre Leonor

奥斯汀，1961 年 11 月 30 日

亲爱的维多利亚：

对您的来信致以我们的谢意。美国生活令我们感到愉快，有时也让我们惊讶，对我们两人来说都是如此。目前，关于美国，我还没有任何宝贵甚至新鲜的观点可以声明，但一首诗正在暗中窥视我，等全部定稿，您将会收到它[31]。12 月 4 日星期一我们将出发去西部，在那里我会在阿尔伯克基（新墨西哥州）和加利福尼亚（我相信曾读到过拓荒者在他们的木轮马车上刻着“California or bust!”[32]）的大学做讲座。不知是否可以斗胆向您打听，关于我搁置在那里的某本《个人选集》不值一提的消息[33]。请向安杰丽卡，以及《南方》杂志还记得我的朋友们致意，并带上我的圣诞祝福。

一个拥抱，

乔吉

（请您给我们写信。我们会在 12 日回来，1 月 20 日出发去纽约。我们会在那里见到您吗？）

现在我，代表自己，我亲爱的维多利亚，感谢您告诉我庄园的事——那个清晨您听到了我们的鸟唱歌，在这里我既看不见也听不到它们，也看不到狗和猫（后者从来没有引起过我的热情），我确实很想念星星，这里的天空星星太稀少了！乔吉对即将开始的旅程很满意。让我们看看结果如何，但我已经盼望着去旧金山，以及回到奥斯汀，在这里我有种非常“at home”[34] 的感觉。一个吻给安杰丽卡，另一个给您，来自您永远的

莱奥诺尔

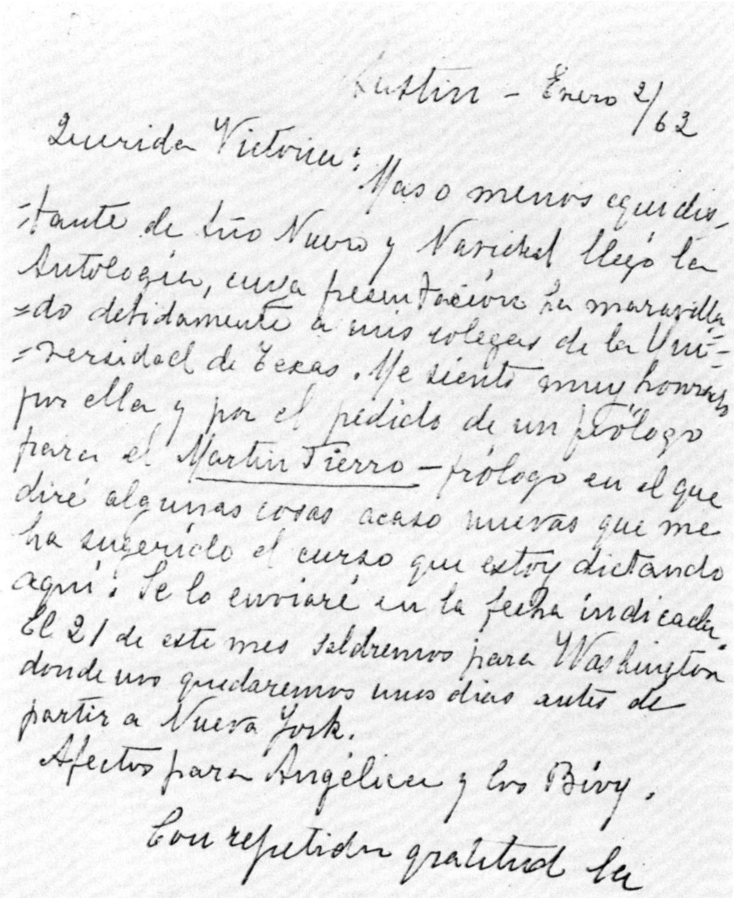
Austin – Enero 2/62

Querida Victoria:

Más o menos equidistante de Año Nuevo y Navidad llegó la Antología, cuya presentación ha maravillado debidamente a mis colegas de la Universidad de Texas. Me siento muy honrado por ella y por el pedido de un prólogo para el Martín Fierro – prólogo en el que diré algunas cosas acaso nuevas que me ha sugerido el curso que estoy dictando aquí. Se lo enviaré en la fecha indicada. El 21 de este mes saldremos para Washington donde nos quedaremos unos días antes de partir a Nueva York.

Afectos para Angélica y los Bioy.

Con repetida gratitud la

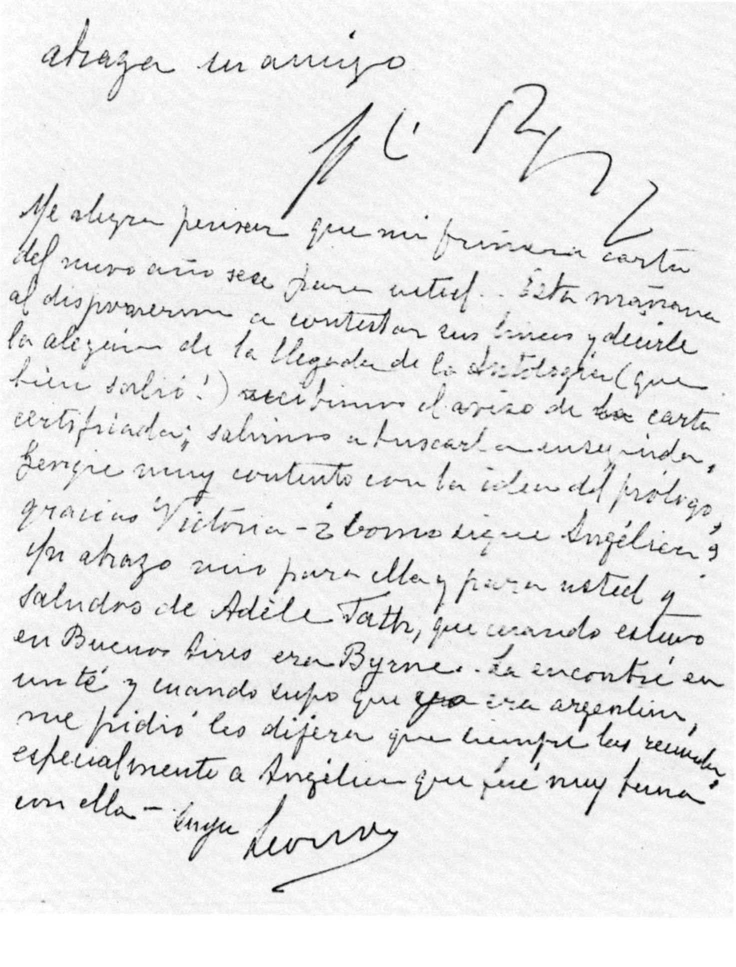
abraza su amigo
J. L. B.

Me alegra pensar que mi primera carta
del nuevo año sea para usted. - Esta mañana
al disponernos a contestar sus líneas y decirle
la alegría de la llegada de la Antología (¡qué
bien salió!) recibimos el aviso de la carta
certificada; salimos a buscarla enseguida.
Georgie muy contento con la idea del prólogo,
gracias Victoria - ¿Cómo sigue Angélica?
Un abrazo mío para ella y para usted y
saludos de Adèle Toth, que cuando estuvo
en Buenos Aires era Byrne. - La encontré en
un té y cuando supo que yo era argentina
me pidió les dijera que siempre las recuerda,
especialmente a Angélica que fue muy buena
con ella - Cariños
Leonor

奥斯汀，1962 年 1 月 2 日

亲爱的维多利亚：

差不多在新年和圣诞节之间，选集寄到了，它的外观令我得克萨斯大学的同事们感到了应有的惊奇[35]。这本书，以及为《马丁·菲耶罗》作序的邀请[36]——在这篇序言里我会讲些在这儿正在教的课程令我想到的新东西——都令我深感荣幸。我会在指定日期把它发给您。这个月 21 日我们将出发去华盛顿，我们会在那里停留几天，在启程去纽约之前。

向安杰丽卡和比奥伊一家致意。

带着无尽谢意拥抱您的朋友，

J. L. 博尔赫斯

想到我新年的第一封信是写给您的，这让我高兴。今天早晨当我正要回您的信，告诉您已收到《选集》（它真不错啊！）的喜悦时，我们收到了挂号信的通知，就立刻出门去领信了。

乔吉对作序这个主意很高兴。谢谢，维多利亚。安杰丽卡最近怎么样？

给她和您送上我的拥抱，以及阿黛尔·法丝[37]——她住在布宜诺斯艾利斯的时候还姓彼尔纳——的问候。我是在喝茶时遇见她的，当知道我是阿根廷人时，她请我告诉您，她会永远记得你们，特别是待她极好的安杰丽卡。

您的，

莱奥诺尔

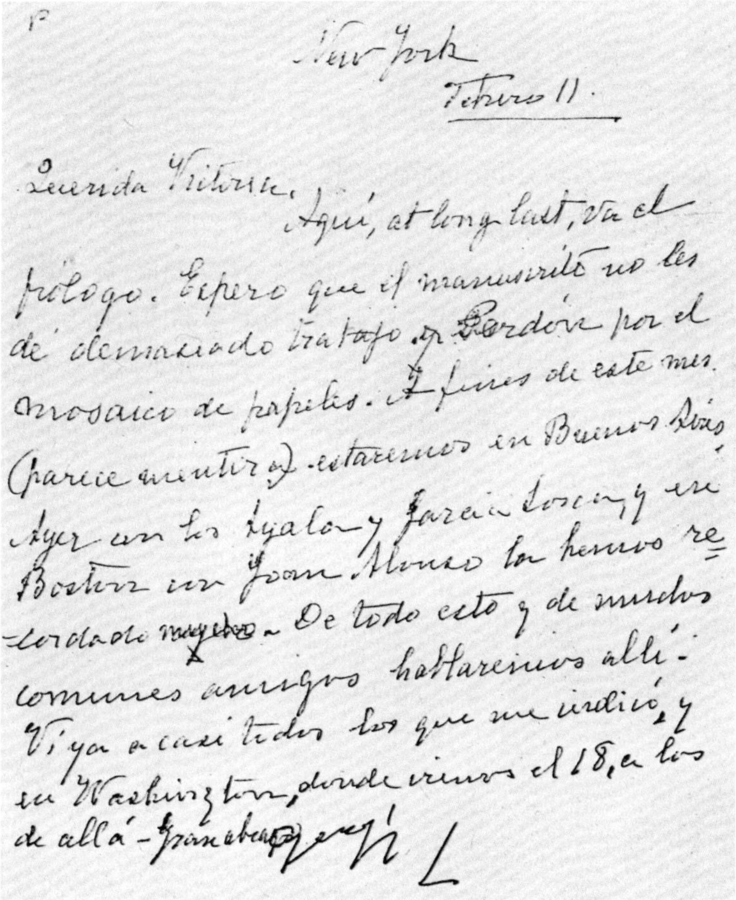

New York
Febrero 11.

Querida Victoria,
Aquí, at long last, va el prólogo. Espero que el manuscrito no les dé demasiado trabajo. Perdón por el mosaico de papeles. A fines de este mes (parece mentira) estaremos en Buenos Aires. Ayer con los Ayala y García Lorca, y en Boston con Joan Alonso los hermosos recordados — De todo esto y de muchos comunes amigos hablaremos allí. Vi ya a casi todos los que me indicó, y en Washington, donde vimos el 18, a los de allá — Gracias
J L

纽约，1962 年 2 月 11 日

亲爱的维多利亚：

在此，“at long last”[38]，附上序言。希望这份手稿不会给你们带来太多工作。请原谅我用了不同的纸。这个月底（感觉不是真的）我们就在布宜诺斯艾利斯了。昨天见到阿亚拉一家[39] 和加西亚·洛尔卡[40]，以及在波士顿见到琼·阿隆索[41]时，我们都很惦念您。关于这些和其他很多共同的朋友，我们会在布宜诺斯艾利斯谈到。我已经见到了几乎所有您介绍的朋友，等 18 日到华盛顿，我也会去见那里的朋友。紧紧的拥抱，

乔吉

Querida Victoria:

Casi todo el prólogo se escribió en Austin, corregido y con idea de concluirlo apenas llegaramos, pero ... New York ha tomado a Georgie por asalto; estoy muy orgullosa; malgré moi, me hace participar de todo --- Lo que a usted le debemos mucho, ya es costumbre mia, decirle: gracias Victoria; La otra Victoria vino a vernos, y nos dieron una gran recepcion en lo de Crane, tambien en otras partes y pasado mañana en lo de Amadeo que ayer invitó a Georgie a almorzar con su amigo Stevenson y otros personajes-

Las conferencias de Georgie han tenido en todas partes gran público, aquí y en Yale y Harvard (de donde recien volvemos). Le cuento todo esto

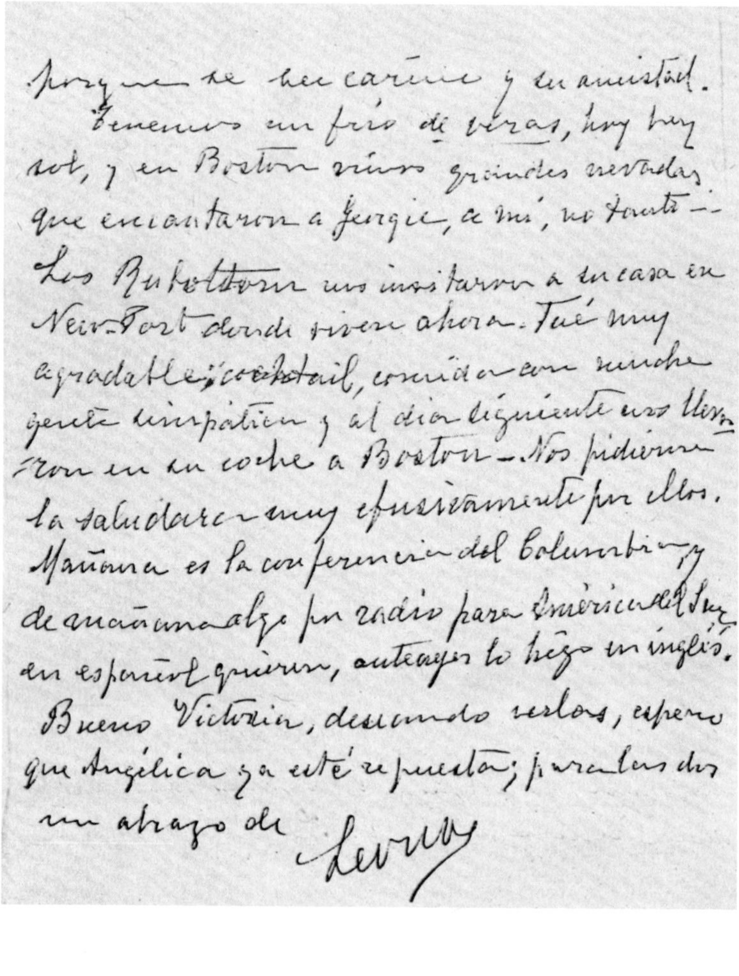
porque su cariño y su amistad.
Tenemos un frío de veras, hoy hay
sol, y en Boston vimos grandes nevadas
que encantaron a Georgie, a mí, no tanto.
Los Rutoltown nos invitaron a su casa en
New-Port donde viven ahora. Fué muy
agradable; cocktail, comida con mucha
gente simpática y al día siguiente nos lleva-
ron en su coche a Boston. Nos pidieron
la saludara muy efusivamente por ellos.
Mañana es la conferencia del Columbia y
de mañana algo por radio para América del Sur,
en español quieren, anteayer lo hizo en inglés.
Bueno Victoria, deseando verlas, espero
que Angélica ya esté repuesta; para las dos
un abrazo de
Leonor

亲爱的维多利亚：

几乎整篇序言他都是在奥斯汀写的，本打算一到达就修改、完成它，但是纽约给了乔吉一个突袭。我非常骄傲，“malgré moi”[42]，他让我参与了全过程。我知道我们亏欠您很多，现在和您说“谢谢，维多利亚！”已经成了我的习惯。另一个维多利亚来看了我们[43]，在露易丝·克莱恩[44]那里我们受到了热情的接待，在其他地方也是如此。后天阿玛德奥[45]会接待我们，他昨天邀请了乔吉去家里，和他的朋友史蒂文森[46]以及其他名人一起共进午餐。

乔吉的讲座在各地都有众多听众，在这里，在耶鲁大学和哈佛大学（我们刚从那里回来）。我告诉您所有这些，因为我了解您的亲切和您的友谊。

我们这里真的很冷，今天出太阳了，在波士顿我们看到的几场大雪让乔吉非常高兴，可我并不太喜欢。

鲁伯托姆[47]一家邀请我们去他纽约的家，现在他们住在那儿。一切都非常令人愉快：鸡尾酒，与许多友善的人一同用餐，第二天他们开自己的车送我们去了波士顿，并请我们代为转达热情的问候。

明天是哥伦比亚大学的讲座，他们希望他明天为南美电台说一些西班牙语，前天他是用英语演讲的。

好了，维多利亚，我们盼望着见到你们，我希望安杰丽卡已经康复了；给你们二位一个拥抱，来自

莱奥诺尔

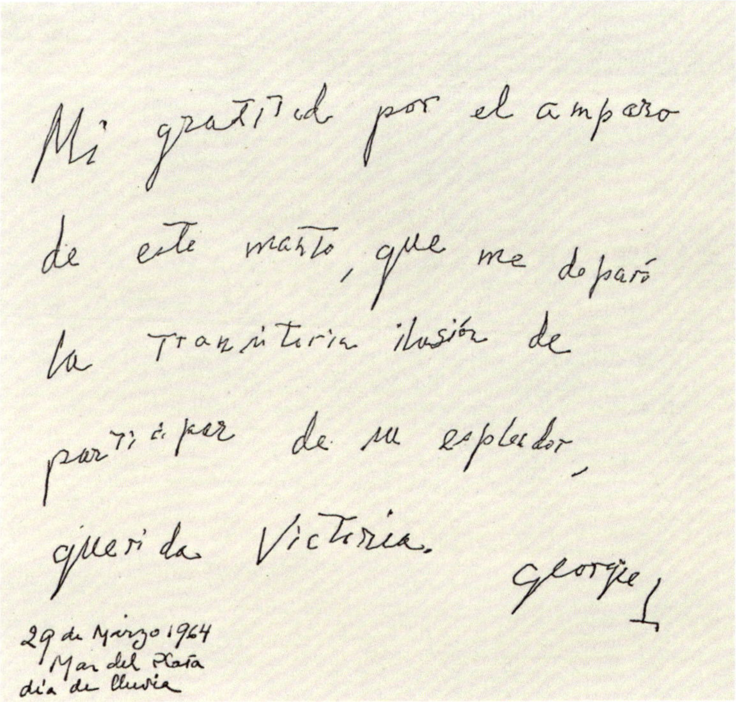

Mi gratitud por el amparo
de este manto, que me deparó
la transitoria ilusión de
participar de su esplendor,
querida Victoria.

Georgie

29 de Marzo 1964
Mar del Plata
día de lluvia

对这件披风的保护致以我的谢意[48]，它为我提供了分享您光芒的短暂快乐，亲爱的维多利亚。

乔吉

[维多利亚·奥坎波的笔迹]

1964年3月29日

马德普拉塔

下雨天

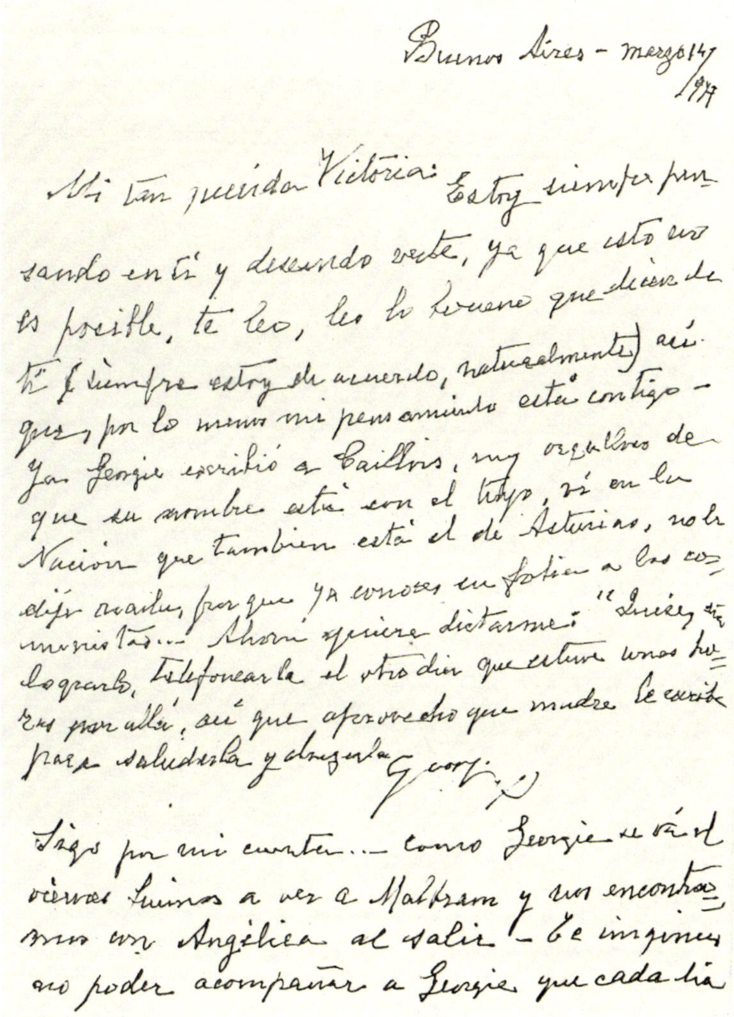
Buenos Aires - marzo 14/
1947

Mi tan querida Victoria: Estoy siempre pensando en ti y deseando verte, ya que esto no es posible, te leo, leo lo bueno que dicen de ti (siempre estoy de acuerdo, naturalmente) así que, por lo menos mi pensamiento está contigo - Ya Georgie escribió a Caillois, muy orgulloso de que su nombre está con el tuyo, sí en la Nación que también está el de Asturias, no le dije nada, porque ya conoces su fobia a los comunistas... Ahora quiere dictarme: "Luisa [illegible] no he logrado telefonearla el otro día que estuve unas horas por allá, así que aprovecho que madre le escribe para saludarla y abrazarla - Georgie"

Sigo por mi cuenta... como Georgie se va el viernes fuimos a ver a Maltram (?) y nos encontramos con Angélica al salir - Me imagino no poder acompañar a Georgie que cada día

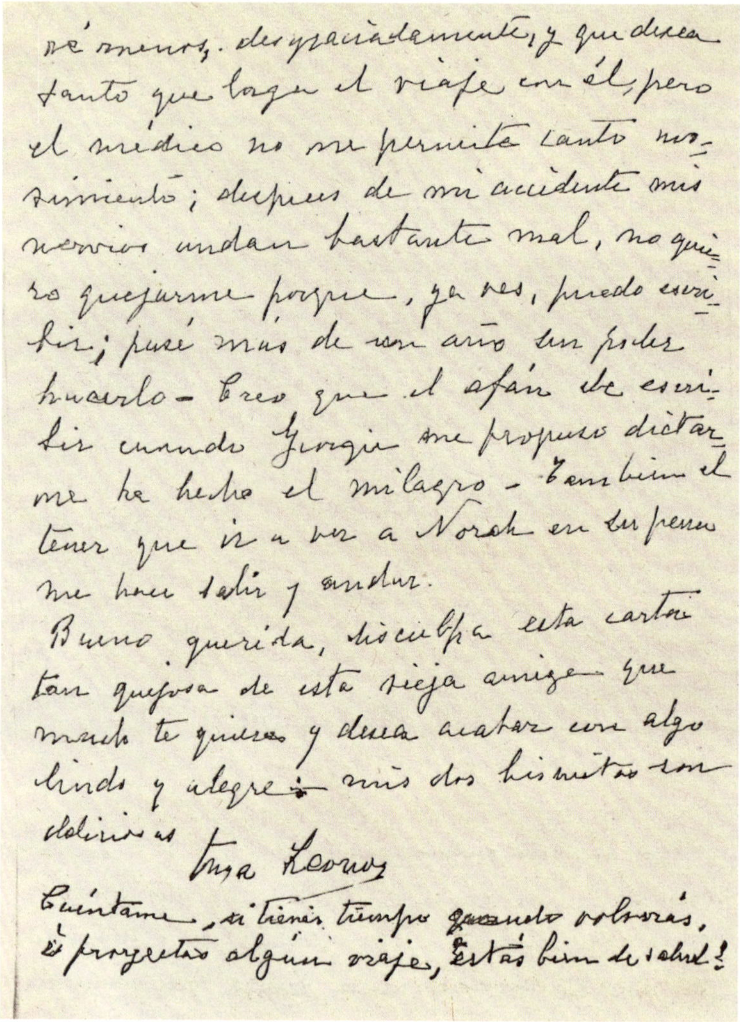

se menos, desgraciadamente, y que desea
tanto que haga el viaje con él, pero
el médico no me permite tanto mo-
vimiento; después de mi accidente mis
nervios andan bastante mal, no quie-
ro quejarme porque, ya ves, puedo escri-
bir; pasé más de un año sin poder
hacerlo — Creo que el afán de escri-
bir cuando Georgie me propuso dictar
me ha hecho el milagro — También el
tener que ir a ver a Norah en su pena
me hace salir y andar.

Bueno querida, disculpa esta carta
tan quejosa de esta vieja amiga que
mucho te quiere y desea acabar con algo
lindo y alegre: mis dos bisnietos son
deliciosos

tu Leonor

Cuéntame, si tienes tiempo, cuando volverás.
¿Proyectas algún viaje, estás bien de salud?

布宜诺斯艾利斯，1971 年 3 月 14 日

我最亲爱的维多利亚：

我总是想起你，并期待见到你。既然这不可能，我就读你，读别人说你有多么好（我总是同意的，自然），这样至少我的思想和你在一起。

乔吉已经给凯卢瓦写了信，他非常自豪，因为他的名字和你的写在一起[49]。我在《国家报》上看到阿斯图里亚斯的名字也在，我没告诉他，你也知道他对共产党人的恐惧……现在他想让我帮他写："那天我有几个小时在那边，本想给您打电话，但没能成功，于是现在趁着母亲给您写信，我想问候您，拥抱您，乔吉。"

我继续写自己的。因为乔吉星期五要出门，我们去看了马尔布兰[50]，离开的时候还遇到了安杰丽卡。你能想象，我不能陪着每天视力都在衰退的乔吉，多么不幸；而且他那么希望我能和他一起旅行，但是医生不允许我进行太多活动。那次事故之后我的精神状况相当不好，我不想抱怨，因为你看，我还能写信，我过了一年多不能写字的生活。我相信，对书写的渴望，是乔吉建议我记下他口述的内容所创造的奇迹。要去看望伤心的诺拉[51]，也会让我出门走一走。

好了，亲爱的，请原谅这个非常爱你的老朋友满腹牢骚

的信，她希望用美好、欢乐的事情结尾：我的两个曾外孙女真是惹人喜爱。

你的，

莱奥诺尔

告诉我，如果你有时间，等你回来，会不会计划一次旅行。你身体还好吗？

3 Diciembre
1972

Querida Victoria. Con alegría y tristeza recibimos esta mañana tu carta.

¡Otra vez juntos, Viva la Patria! ~~En la buena causa~~.

El nombre de George úsalo para todo lo necesario en la buena causa. Siempre estará contigo, gracias.

Creo que todo va a ir bien

Te abrazamos y te esperamos.

Pide lo que necesites.

Te abrazamos y te esperamos

Leona y Georgia

Un abrazo muy cariñoso de
Norah

1971 年 12 月 3 日

[诺拉 · 博尔赫斯的笔迹]

亲爱的维多利亚：

今天早晨我们收到了你的信，悲喜交集。再一起说一次，祖国万岁！

乔吉的名字，请为有益的事业尽你所需使用[52]。他永远支持你，谢谢。

我相信一切都会好起来的。

我们拥抱你，我们等待你。

[博尔赫斯的笔迹]

我们拥抱你，我们等待你。

[诺拉 · 博尔赫斯的笔迹]

一个非常亲切的拥抱，来自

诺拉

F. SUR ARCHIVO

Querido Georgie:

Gracias a Leonor - que me lo prestó- he podido ojear (no es una errata) el Jorge Luis Borges de L'Herne (no se qué parentesco tendrá esta revista con "l'hydre de Lerne"...suena parecido). Desde luego,usted merecía ese homenaje (tardío) y mucho más. Digo mucho más,porque no todas las colaboraciones de éste número están a las alturas de que habla José Bianco al referirse a sus colaboraciones de usted en SUR y a cómo desnivelaban la revista. Sin embargo,en esta "publicación" han aparecido cuentos,ensayos y poemas de los mejores escritores europeos y americanos <u>contemporaneos</u>.No ha estado usted en tan mala compañía.

En cuanto al nivel no siempre muy alto de las colaboraciones de L'Herne,en esta ocasión, empiezo por citar mis propias páginas. No sé si al releerlas (yo había enviado otras,y sin avisarme siquiera, las cambiaron por una ya publicadas en <u>Cuadernos</u>) me parecieron peores de lo que recordaba, tal vez por fallas inherentes a toda traducción, por buena que sea. Temo que usted no comparta esta opinión ,pues le he oído afirmar que la traducción de Ibarra del <u>Cementerio Marino</u> era mejor que el original de Valéry.

Algunas aclaraciones me parecen necesarias,desde mi punto de vista personal. Ya sabe usted y por añadidura todo el mundo, que soy muy personal y que sólo hablo de mi misma(esto es por lo menos algo de que han tratado de convencerme). Dice usted,en su diálogo con Ibarra, que sorprendió ver en el primer número de SUR fotos del Iguazú, de la Cordillera, de Tierra del Fuego y de las Pampas (plural). Verdadero manual geográfico. Se le ocurrió entonces a usted que yo quería mostrarles el país a mis amigos europeos. Pero no. Se lo quería mostrar a los argentinos. A mi misma. Esta tierra de climas y aspectos tan variados es la nuestra - significaban aquellas fotos. Hoy, a cada

日期不详[53]

亲爱的乔吉：

感谢莱奥诺尔——她把杂志借给了我，我得以浏览（这不是一个笔误①）埃尔内出版社的豪尔赫·路易斯·博尔赫斯（我不知道这本杂志和“勒拿九头蛇”有什么亲戚关系……听起来很像）。毫无疑问，您值得这一致敬（迟到的）和比这多得多的东西。我说多得多，是因为在这期杂志中，并非所有稿件都与何塞·比昂科提及的您在《南方》发表的稿件处于同一高度，以及这本杂志的水准是如此参差不齐。不过，这份“出版物”上出现了当代最好的欧美作家的短篇小说、散文和诗歌。您也并未与乏味之人为伴。

说到埃尔内稿件参差不齐的水平，这一次，我要从引用我自己的那几页开始。不知道是不是因为重读（我寄去的本是另一篇文章，然而他们没通知我，就用已在《手册》上发表过的一篇替换了它），我觉得它们比我记忆中要差，也许是因为整篇翻译内在的不足，尽管翻译得很好。我恐怕您不同意这个观点，因为我曾读到您认为伊巴拉翻译的《海滨墓园》比瓦莱里的原文更好。

①维多利亚在此处用的动词是“ojear”，而非“hojear”，故有不是笔误之说。——译注

有些声明我认为是必要的，就我个人的观点而言。您比所有人都更清楚地知道，我是一个非常个人的人，只代表自己说话（至少人们经常试图说服我相信这一观点）。您说——在您和伊巴拉的对话中——在《南方》第1期中看到伊瓜苏、火地岛和潘帕斯草原（复数）的照片令人惊讶。真正的地理图册。于是您想到，我是想向我的欧洲朋友展示这个国家。但并非如此。我想向阿根廷人展示它。向我自己展示它。这片气候和风貌都如此丰富的土地是我们的——这是那些照片的含义。今天，每时每刻我们都会碰到《新闻报》《国家报》，等等，等等，刊登着我们风景的照片，包括那一个个因它们的路灯、长凳和缺乏藤蔓植物的花架而显得与众不同的外省广场。这些事物中没有什么是仅仅面向外国人的，我猜测（并希望）。

《南方》，我亲爱的乔吉，对我来说是一个成本很高的用以自我教育的媒介，请您记住。在将照片献给陌生的读者（我们永恒的客户）之前，我也将它们献给我自己，请您想象一下。你的土地是这样的——它们对我说——不要忘了，无知的人。

另一点要澄清的——阿道尔夫·比奥伊·卡萨雷斯注意到，在你们二人的友谊开始之时，您曾警告他："如果您想写作，不要为出版社写，也不要为杂志写。"没有什么给新手的忠告比这个更健康了。谁面向（或者以面向它们的方式）一家出版社或一本杂志（我们不提那些最为不幸的领导着这两种灾难性公司的人）写作，最终注定会失败，如果他是一个作家的话。让另一些作家为人所知的职责与顾虑，与他本人写作上天生的能力不足相混淆。他的特征会变得模糊不清。他出版的所有人都会成为作家，而他则会是永恒的编辑，或者某份差不多是失败了的“出版物”的主编。

但是，有时候，这份自我牺牲的职业（当它并非以营利为目的时）会带来积极的事物。比如，如果《南方》杂志没有在1939年邀请罗杰·凯卢瓦——寂寂无名的年轻作家——来布宜诺斯艾利斯做讲座，或许您作品的翻译，亲爱的乔吉，会多等上一些年。当然，那也仅仅只是一个延迟。另一个哥伦布会发现您（对欧洲人来说）。但是这一次，《南方》幸运的选择对豪尔赫·路易斯·博尔赫斯——在海的那一边尚且无名的阿根廷人（尽管我个人，已经在欧洲诸国和美国的首都谈起过他）——作品的传播产生了有益的影响。

我轻视某篇讲述我的杂志相关事件的文章（一件与您的作品没有关系的事，博尔赫斯）。我轻视这篇文章，因为它的作者讲话既不诚实又不怀好意，因为人不可能健忘到这个地步。另外，万一真的忘了，再去看看《南方》的杂志就够了。那里有完整的声明，而这次作者看起来只记得他可以利用的部分。提醒人们您曾在一份极其激烈反对卡斯特罗主义的声明上签字，甚至会显得滑稽。而我并没有签字。如果您在这样的突发情况下担任一本杂志的主编，如果在您主编的杂志发生了在《南方》发生的情况，您也会需要说些什么，就像我所做的一样，以尽可能谨慎、有分寸的方式。但一个秘书或编辑部主任，警告杂志主编说无法忍受他指摘自己的想法、这份出版物的倾向，仍然不失为一件令人震惊的事。如果这不叫作极权主义，我就可以忽视这个词语的意思了[54]。

就说这么多吧，亲爱的乔吉。我想再一次澄清，我既不喜欢卡斯特罗的统治（因此我疏远了这个体制），也不赞成美国人的种族主义（肯尼迪并不是它的帮凶）。也许认为用甘地用过的方法可以改变世界是一种乌托邦，但他才是我们这个世纪唯一令我全然敬佩的政治家。

您的朋友钦佩您。

维多利亚·奥坎波

注释：

[1] 博尔赫斯指的是关于"阿根廷人的语言"这一学术会议，于1927年9月23日在人民会议中心举办。发言稿由马努埃尔·罗哈斯·希尔维伊拉在会上朗读（博尔赫斯当时尚未开始在公众面前发言），于第二天刊登在《新闻报》上。据莱奥诺尔·阿塞维多·德·博尔赫斯说，读过刊登在报纸上的发言稿，"维多利亚给他写了一封信：'您知道如何说出我一直在想，却无法诉诸语言的关于西班牙语的问题。我希望和您谈谈。'博尔赫斯很紧张，当时还是个年轻人的他说：'我能和维多利亚说什么呢？那可是维多利亚·奥坎波！''但她会告诉你你可以和她聊什么。'信是一个星期六收到的，她邀请他第二天共进午餐。博尔赫斯去了。很自然，两人聊了很多"。见："Propos de Mme Leonor Acevedo de Borges", *Cahiers de L'Herne*, n° 4, París：L'Herne, 1964, pp.4-5。

[2] 节制，谦逊。

[3] 1941年1月，博尔赫斯和他的母亲、妹妹、妹夫一起搬到了那里。

[4] 博尔赫斯指的可能是《关于经典作家》一文：*Sur*, 85, octubre de 1941, pp.7-12。在这篇文章中，博尔赫斯提到了"歌德的四十四卷本，由艾克曼补全或削弱"，并针对一些知名中伤者的言论为其辩护，因为"由歌德这个词语所限制或允诺的世界，其广泛性并不低于世界本身"。然后，他谈到了《堂吉诃德》，"一部内在价值无人反驳的长篇小说"，尽管"这一神化的结果令人感伤。……一个研究莎士比亚的学者……永远是一个文明人，而一个塞万提斯专家则通常是一个单纯的文法家……塞万提斯研究是西班牙犯下的错误之一"。最后，在强调了"我们的共和国，时至今日，仍然缺乏完美的作品"后，博尔赫斯总结道，《马丁·菲耶罗》"让我们看的是一个极其有限的世界，一个

高乔人的非常基本的世界，其注释者只是（我恐怕）最可怜的那一类塞万提斯研究者：醉心于谚语、民谣、低级的拼写错误，以及平庸的地形学之谜”。

[5] 吉耶尔莫·德·托雷（1900—1971），西班牙文学评论家。1928 年与诺拉·博尔赫斯结婚，30 年代初随妻子定居布宜诺斯艾利斯。后进入《南方》编委会并担任杂志秘书至1938 年。为洛萨达出版社担任文学顾问长达近三十年。亦是勤勉的先锋艺术史家，出版的主要作品有《欧洲先锋文学》（1925）、《毕加索的生活和艺术》（1936）、《冒险与秩序》（1943）、《西班牙语美洲文学要义》（1959）和《在文学脚下》（1967）。博尔赫斯与他的妹夫之间表现出的敌意，在布宜诺斯艾利斯文学圈广为人知。

[6] “一个兄弟是大自然送给我们的一位朋友，一个妹夫是大自然送给我们的一位西班牙人”。这句话的前半句为法国谚语，出自剧作家勒古的悲剧：Gabriel Marie Legouve, *L'Mort de Abel*, III, 3（1792）。

[7]《小径分岔的花园》，布宜诺斯艾利斯：南方出版社，1942。根据版权页，本书于1941 年12 月30 日完成印刷。版权年份与版权页上年份之间的区别，是由于后者符合国家文学奖评选的截止日期——最终并未获奖。这一事件使《南方》将一期杂志的大部分内容——出版于1942 年7 月的第94 期——用于向博尔赫斯致歉。

[8]《小径分岔的花园》不同于本书收录的大部分短篇小说，这篇献给《南方》主编的故事，在当时尚未发表。

[9]《阿根廷诗歌选》（*Antologíapoética argentina*），由西尔维娜·奥坎波和阿道尔夫·比奥伊·卡萨雷斯汇编。根据版权页，本书于1941 年12 月4 日完成印刷。

[10] 1937 年初到1946 年中，博尔赫斯曾在位于卡洛斯喀尔沃街4319 号的米盖尔·卡内城市图书馆工作。“那牢固的不幸持续了九年”：“Autobiographical Notes”, *The New Yorker*, 1970 年9 月19 日。

[11] 1943 年5 月，维多利亚·奥坎波应古根海姆基金会邀请赴美旅行，开设系列讲座，主题之一是“阿根廷现代作家”。讲座使用了当时流亡布宜诺斯艾利斯的德国摄影师吉泽尔·弗伦德拍摄的一些肖像。这一简短的自传，很可能是《南方》主编请博尔赫斯为这一讲座提供的。

[12] 几乎全部失败了。

[13] 西班牙作家、翻译家（1882—1964），西班牙先锋文学的推动者，"超越主义"发起人之一——年轻的博尔赫斯在西班牙停留期间，曾拥护这一维护比喻至高地位的文学运动。曾出版诗集*El candelabro de los siete salmos*（1914），小说*En la tierra florida*（1921）、*El movimiento VP*（1924），散文*El divino fracaso*（1918）、*España y los judíos españoles*（1920）。他作为翻译家的大量工作——包括《一千零一夜》《陀思妥耶夫斯基全集》，以及将席勒、歌德、巴尔扎克等作家的作品译成西语——大部分由阿吉拉尔出版社出版。博尔赫斯曾为他写过一首诗，《拉法埃尔·坎西诺斯·阿森斯》，收录在《另一个，同一个》（1966）中。

[14] *Poemas*（1923—1943），Buenos Aires：Editorial Losada，1943。

[15] 与阿道尔夫·比奥伊·卡萨雷斯合作：*Los mejores cuentos policiales*，Buenos Aires：Emecé Editores，1943。根据版权页，本书出版于1943 年12 月12 日。

[16] 博尔赫斯指的是《代表大会》。不久后，博尔赫斯在公开场合宣布了他想写一篇"长篇或短篇小说，取名为《代表大会》，令惠特曼和卡夫卡的习惯在此和解（今天我无法解释得很清楚）"。"De la alta ambición en el arte：contesta Jorge Luis Borges"，*Latitud*，no 1，1945 年2 月（见于*Textos recobrados 1931—1955*，Buenos Aires：Emecé Editores，2001，p. 353）。最终，这一文本被压缩为一个长篇故事，1971 年由艾尔阿尔奇布拉索出版社（El Archibrazo Editor）出版，后收入《沙之书》（1975）。

[17] *Un bárbaro en Asia*，Buenos Aires：Editorial Sur，1941。

[18] *Perséphone*，Buenos Aires：Editorial Sur，1936。纪德为伊戈尔·斯特拉文斯基的三幕音乐情景剧所写的文本，于当年在布宜诺斯艾利斯哥伦布剧院上演，由作者亲自导演，维多利亚·奥坎波担任旁白。

[19] *Las palmerassalvajes*，Buenos Aires：Editorial Sudamericana，1944。

[20] *Un cuarto propio*，Buenos Aires：Editorial Sur，1936；Orlando，Buenos Aires：Editorial Sur，1937。

[21] *La metamorfosis*，Buenos Aires：EditorialLosada，Col. La Pajarita de Papel，1938。尽管博尔赫斯作为本书的译者出现，多年后他否认了自己曾经翻译过《变形记》《饥饿艺术家》《第一次忧伤》："……我不是这一文本翻译

的作者。证据之一是——而且是用我自己的话——由于我略略通晓德语，知道作品的标题是‘Die Verwandlung’而不是‘Die Metamorphose’，也知道应该译为《转变》……我确实翻译过那本书中卡夫卡的其他故事……但是，简单地说——也许是出于纯粹的印刷原因——人们倾向于将我视为整本书的译者，而采用的也许是流传的无名译本”：Fernando Sorrentino，*Siete conversa-ciones con Jorge Luis Borges*，Buenos Aires：Casa Pardo，1974。上述三个故事的西班牙语版本，曾于1925年和1932年发表在《西方杂志》上，并未提到译者。

[22]在1974年的一场讲座上，博尔赫斯肯定了“在第一次世界大战的那些年里……是我的德语学习将我引向了希伯来语，因为我可以吹嘘自己是马丁·布伯作品的第一个，也是非常不完美的译者”（“Los primeros 25 años de Davar”，*Davar*，124，1974年春）。这些译作，或许因为从未出版，至今未被找到。

[23]博尔赫斯在他为古斯塔夫·梅林克的《红衣主教那佩卢斯》所写的序言中指出：“1929年前后，我将这本书（‘J.H. Obereit visita el país de los devoradores del tiempo’）的第一篇文章——出自故事集《蝙蝠》（*Fledermäuse*）中——译成西班牙语，并发表在布宜诺斯艾利斯的一份报纸上，之后我把它寄给了梅林克。”然而，这一译本已经佚失。由博尔赫斯作序的故事集——由城市书店/F.M. 里奇（Librería de La Ciudad/F.M. Ricci）于1979年出版，译者是玛利亚·艾斯特尔·巴斯克兹（María Esther Vázquez）。

[24]发表于*Sur*，347，julio-diciembre de 1980，p.12。这期杂志全部用于刊登维多利亚·奥坎波寄出的和收到的书信。

[25]对拉丁美洲作家的期待。

[26]最好保守这个秘密。

[27]出版于1955年。

[28]在黑暗中摸索前进。

[29]博尔赫斯应爱德华·拉罗克·汀克基金会邀请，在得克萨斯大学做访问学者。他在母亲的陪伴下赴美，在美国停留了六个月。

[30]安杰丽卡·奥坎波（1891—1980），维多利亚和西尔维娜的姐妹，在《南方》杂志发表过文章的众多阿根廷及外国作家的朋友。同时，她在慈善机构做

了大量工作，如“哺育室”(La Pouponnière)，以及她担任主席的抗白血病基金会（FUNDALEU）。博尔赫斯将收录在《恶棍列传》中的《蒙面染工梅尔夫的哈基姆》题献给了她。

[31]“Texas”, publicado en *Sur*, 275, marzo-abril de 1962, p.14。

[32]“去加利福尼亚，或者死在去加利福尼亚的路上！”

[33]由南方出版社于1961年12月出版。

[34]宾至如归。

[35]《个人选集》是南方出版社首本封面印有作者照片的出版物，照片由阿道尔夫·比奥伊·卡萨雷斯拍摄。

[36]这一年，在赫克托尔·A. 穆雷纳的主导下，南方出版社决定出版一系列阿根廷经典作品。最后出版的作品有：el *Fausto*, de Estanislao del Campo；*Juvenilia*, de Miguel Cané；*La cautiva y El matadero*, de Esteban Echeverría；*Facundo y Recuerdos de provincia*, de Domingo F. Sarmiento；y *Cuentos con policías*, de Fray Mocho。

[37]阿黛尔·海伊·法丝（1917—2007），美国名流，投身于慈善事业，是亚伯拉罕·林肯的私人秘书约翰·海伊的曾孙女。20世纪40年代曾与当时的丈夫、美国外交官詹姆斯·彼尔纳居住在布宜诺斯艾利斯。

[38]终于。

[39]弗朗西斯科·阿亚拉（1906—2009），西班牙作家、社会学家，与美国西班牙语言文学学者卡洛琳·里奇蒙德结婚。西班牙内战后流亡国外，曾客居布宜诺斯艾利斯，之后任波多黎各大学社会学教授，罗格斯大学、纽约大学、普林斯顿大学西班牙文学教授。为《南方》撰稿人，南方出版社出版了他的三本书：*El escritor en la sociedad de masas*（1958）；*El as de bastos*（1963）；y *España a la fecha*（1965）。阿亚拉留下了四卷题为“回忆与遗忘（1982—2006）”的回忆录，在关于流亡岁月的第二卷中描写过《南方》成员。

[40]弗朗西斯科·加西亚·洛尔卡（1902—1976），西班牙文学评论家，费德里科·加西亚·洛尔卡的弟弟。西班牙内战后流亡美国，先后在纽约皇后学院、哥伦比亚大学任西班牙文学教授。著有一本回忆其兄长的书《费德里科和他

的世界》:*Federico y su mundo (de Fuente Vaqueros a Madrid)*(1981)。

[41] 琼 · 伊万斯，西班牙哲学家阿玛多 · 阿隆索（ 1896—1952)的遗孀，夫妇俩在1927 年至1946 年间住在布宜诺斯艾利斯：Victoria Ocampo，"Amado Alonso"，发表于*Testimonios. Quinta Serie*(1950—1957)，Buenos Aires：Editorial Sur，1957。

[42] 虽然我自己。

[43] 莱奥诺尔指的是维多利亚 · 肯特（ 1898—1987)，西班牙共和派政治家，也是西班牙第一位考取律师执照的女律师。在西班牙第二共和国时期曾任制宪议会议员、监狱系统总负责人。西班牙内战爆发后，被任命为西班牙驻巴黎使馆秘书，在法国经历了德军入侵。根据第二次世界大战在巴黎的亲身经历，创作了小说《巴黎四年》(1940—1944)，本书由南方出版社于1947 年出版。流亡墨西哥后，移居纽约，并担任《伊比利亚》杂志主编（ 1954—1974)。

[44] 露易丝 · 克莱恩（ 1913—1997)，美国文学艺术资助人。与伊丽莎白 · 毕肖普、玛丽安娜 · 莫尔（克莱恩是其文学遗嘱执行人）等女诗人保持了紧密的联系。同时，她多年来与维多利亚 · 肯特有着情感联系，并资助了她的杂志《伊比利亚》。

[45] 马里奥 · 阿玛德奥（ 1911—1983)，阿根廷政治家、外交官。属于天主教民族主义阵线，在庇隆下台后被洛纳迪将军任命为外交部部长，但任职时间只有49 天。在此期间，他请维多利亚 · 奥坎波到阿根廷驻印度大使馆工作，被奥坎波婉拒。后担任阿根廷常驻联合国代表（ 1958—1962)。

[46] 阿德莱 · 史蒂文森（ 1900—1965)，美国民主党政治家。1961 年被总统J. F. 肯尼迪任命为美国常驻联合国代表，担任此职位直到去世。

[47] 罗伊· 理查德· 鲁伯托姆二世（ 1912—2010)，美国外交官，与碧丽· 茹丝· 扬结婚。古巴革命爆发后，曾任美国美洲事务处助理秘书（ 1957—1960)。他对菲德尔 · 卡斯特罗的态度被一些政府要员认为过度软弱，尤其是当时的副总统理查德 · 尼克松。鲁伯托姆因此被调职，转而担任美国驻阿根廷大使，但仅在阿根廷停留了一年（ 1960—1961)。

[48] 这张便条上博尔赫斯颤抖的笔迹——也是维多利亚 · 奥坎波档案中保存的最后一封亲笔信——使这个词语的解读有两种可能：三月（ marzo)和披风（ manto)。我们更倾向于后者。1964 年2 月中旬到3 月下旬，博尔赫斯与玛

利亚·艾斯特尔·巴斯克兹在西尔维娜庄园——阿道尔夫·比奥伊·卡萨雷斯和西尔维娜·奥坎波在马德拉普拉塔的家中——做客。比奥伊在他的日记（Borges，pp.1001-1018）中提到，他们多次拜访了维多利亚，但从未在她家中留宿。因此，比起对三月里的热情好客表示感谢，博尔赫斯的便条看起来与归还某件女装有关——他从维多利亚家回西尔维娜家时曾用它遮雨，两栋房子只有一段铁栅栏之隔。这也解释了便条上维多利亚·奥坎波手写的注解对天气的提及：María Esther Vázquez，*Borges. Esplendor y derrota*，Barcelona：Tusquets，1996，pp.252-253。

[49] 指的是当年1月14日罗杰·凯卢瓦入选法兰西学院。凯卢瓦推荐维多利亚·奥坎波、博尔赫斯以及危地马拉作家米格尔·安赫尔·阿斯图里亚斯在授予学术之剑——剑柄上刻了南方十字，这也是凯卢瓦在伽利马出版社策划的拉丁美洲作家法语文集的名称——的传统仪式上代表外国作家发言。最终，只有阿斯图里亚斯参加了这一仪式。

[50] 豪尔赫·路易斯·马尔布兰（1894—1972），眼科医生。

[51] 当时吉耶尔莫·德·托雷刚去世不久。

[52] 诺拉指的可能是一份公开声明或一封公开信，内容是拒绝庇隆回来——当年11月17日，庇隆在下台后首次回到阿根廷。

[53] 根据信中描写的情况，维多利亚应该是在1961年3月至4月间写下了这封信。[编辑注]

[54] 维多利亚·奥坎波指的是何塞·比昂科辞去自1938年起担任的《南方》编辑部秘书职位一事，此事由维多利亚反对他应卡斯特罗政府邀请赴古巴旅行而引起。在《南方》杂志第269期——即1961年3月、4月刊——维多利亚刊登了如下声明："《南方》杂志社编辑部主任，何塞·比昂科，已应美洲之家邀请出发赴古巴担任文学评委。这一邀请仅针对他个人，他的行程与其工作的杂志社毫无关系。他在这里已工作多年，卓有成效。这一声明，在一个正常的时代并不是必需的，甚至显得荒谬。但我们所处的时代并非如此。当今世界变化无常，误解以惊人的速度传播。我们一直坚信，因为与政治无关的、纯文学的原因而聚在我们杂志的人们——在显而易见，在我们的作家委员会有意识形态迥异的作家——每个人都对自己的观点负有全部责任。《南方》杂志管理层认为，重申此事是必要的。"

但是在之后一期杂志中（第270期，同年5月、6月刊），何塞·比昂科的名字和职位（编辑部主任）在杂志封面上消失了。并且，维多利亚在杂志中加入了如下说明："上一期杂志刊登了一份我们认为必要的声明。我们曾请编辑部主任亲自撰写这份声明并签字，以他认为合适的方式。他拒绝这样做，因为认为这样的声明没有必要。而杂志社领导层并不这样认为。出于这一原因，以表明姿态和给每个人留下完全的发表意见的自由（就像您可以验证的，如同其前所说，作家委员会成员之间在意识形态上有着全然的多样性）为唯一目的，我们刊登了上述声明。何塞·比昂科认为——出于我们无法理解的原因——上述声明不仅是侮辱性的，而且在要求他辞去职位。无论是冒犯他，还是导致他的辞职，都从不是我们的意愿。我们一直尊重他人的自由。但我们也尊重自己的自由。我们自认为无法逃避一份出于诚实和良知的声明。何塞·比昂科在《南方》的工作有着极高的价值。而且，因为《南方》不是一个商业公司，而是纯粹的文化机构，他的工作也是慷慨的。他自愿放弃编辑部主任一职，对这份亏欠他、深谢他的杂志来说，是一个很大的损失。如第一份声明一样，这份声明也是无法逃避的。管理层。"

第271期（1961年7月、8月刊）杂志，玛利亚·路易莎·巴斯托斯作为"编辑部秘书"出现在杂志上，并一直任职到1968年。

她所做的一切都是为了文化

豪尔赫·路易斯·博尔赫斯

我是在 1925 年前后认识她的。她的妹妹西尔维娜——我妹妹、画家诺拉的朋友——把我介绍给了她。我曾在她位于马德普拉塔的庄园度过了一些时日。我们在那里散步，谈论文学。那个年代，人们谈文学谈得很多，这习惯如今已经丢失了。以前人们不像现在这样谈论政治，也不谈论体育，因为没人感兴趣。她有的，是对英国文学和法国文学的爱。

维多利亚的一生是值得称颂的。她所做的一切都是为了我们的文化！除了她的文学作品，她相当可观的个人作品，南方出版社和《南方》杂志也做出了很多贡献，我们都是她的负债人。

维多利亚曾经光荣地入狱。在庇隆执政时期，她被关押在狱中一个月。人们常常忘记这件事。她是在帕翁街还是卡塞罗斯街的监狱里过了一个月，我记不清了。总之是在南边……

她是一位独立的女性，她说话的方式如此百无禁忌，以至于被关进了女子监狱。而我妹妹则被关押在善牧监狱，在里奥班巴街，但那要早得多。我记得维多利亚出狱后来到了这里，来看望我母亲——她之前也曾被捕过。她为这个国家带来了非常重要的人，在这里做讲座：奥尔特加·加塞特，盖沙令，沃尔德·弗兰克，格雷厄姆·格林。在她的生命中，有着持续的文学热情。

她是我认识的最不拘于礼节的人，也是最不官方的人。另一件事：她是一个有财产的女人，将自己的财产献给了《南方》杂志，以真正地教育这个国家。人们都说，她是一个富有的女人。但是她将财富献给了文化，不得不卖掉她一半的庄园。她或许是这个国家最杰出的女性。她是位美丽的女性。当然，我一直将她视为一位长者。我不知道她是否有过一辆帕卡德汽车，像某份报纸上说的那样，但我敢肯定她并不虚荣。她远离了社交环境，而投身于文学氛围之中。

我与她的关系，在某种程度上与个人无关。我想说的是，我从未与她交心，她也从未与我交心。我们谈论的是文学。独裁统治期间，我们也像所有人一样谈论政治。我相信她和已故的玛利亚·罗莎·奥利弗是很好的朋友。我们在马德普拉塔共度的时光非常快乐，她很喜欢开玩笑。她非常好客。说她不喜欢鸡肉和菠菜，我觉得不太重要。可以说的是，她厌恶酒精，在她家中从来不提供酒。

我欠她人情，以尽可能斯文的方式送给我的人情。我曾经任国立图书馆馆长，这是艾斯特·森波兰恩·德·托雷斯·杜干和维多利亚·奥坎波提议的，是她们开始了使我得以被任命的一系列活动。我对维多利亚说："这太疯狂了，这个职位对我来说太高了！如果他们能任命我做洛马斯德萨莫拉图书馆的馆长，就已经足够了！"她回答我说："您别傻了！"然后她争取到了另一个，那是一个重要得多的职位。她一向用"您"来称呼我们，而且她比我年长，我也从来不敢以"你"来称呼她。她忍受过很多批评和误解，但我不认为她为此感到痛苦。她是一个非常勇敢的人。

她是阿根廷女性的综合体，尤其是因为整个世界都令她兴趣盎然。这种对所有国家的爱是非常阿根廷的。她出生在市中心，在比亚蒙特街和圣马丁街的转角处，一栋较高的房子里。我们几乎是一个街区的，因为我出生在图库曼街和苏伊帕恰街转角处，但我家是一栋矮房子，有庭院和蓄水池。

用一个单独的词语定义她是不可能的。定义她最好的方式，是说出“维多利亚·奥坎波”。